속담이 백 개라도 꿰어야 국어왕 2

일러두기

교과서 수록 **교과서 수록 :** 초등학교 교과서에 실린 속담과 고전을 표시하였어요.

전래동화 : 예로부터 전해 내려오는 이야기예요.

이솝우화 : 그리스의 우화 작가 이솝(Aesop)의 이야기예요.

탈무드 : 유태인 문화의 원천으로 유대 문화의 구전과 해설을 집대성한 책이에요.

세계명작 : 세계의 유명 작가들의 이름난 작품이에요.

신화 : 고대 사람들의 생각이 담긴 신성한 이야기예요.

전설 : 옛날부터 민간에 입으로 전하여 내려오는 이야기예요.

설화 : 각 민족 사이에 전해 오는 이야기. 넓은 의미로 신화, 전설을 포함하기도 해요.

역사 : 인류가 변해 온 과정을 기록한 이야기예요.

인물 : 역사 속 유명한 인물들에 관한 이야기예요.

성경 : 신약과 구약으로 되어 있는 기독교의 경전이에요.

비슷한 속담 알아보기 : 본문에서 배운 속담과 비슷한 속담을 더 알아볼까요?

고전 하나 더 : 본문에서 배운 속담이 담긴 다른 고전을 더 읽어 볼까요?

고전 깊이 읽기 : 전래동화, 이솝우화, 탈무드 등 고전에 대해 좀 더 알아봐요.

꼭 알아야 할 교과서 속담 100

속담이 백 개라도 꿰어야 국어왕 2

글 강지혜
그림 명진

상상의집

머리말

머릿속에서 반짝반짝 빛나는 우리 조상의 지혜!

여러분의 머릿속에 기다란 고무줄이 걸려 있다고 상상해 보세요. 그리고 이 책의 제목과 닮은 '구슬이 서 말이라도 꿰어야 보배다'라는 속담이 무슨 뜻인지 살펴볼까요? 구슬이 아무리 많아도 줄에 꿰어서 목걸이로 만들지 않으면 소용없다는 것인데, 아무리 좋은 것도 다듬고 정리해야 더 좋은 물건이 된다는 의미예요.

먼저, 책을 펼쳐서 속담을 하나씩 배우고, 관련된 옛이야기를 읽어 보세요.

속담에는 우리 조상의 빛나는 지혜와 교훈이 담겨 있어요. 특히 교과서에 나오는 문학 작품은 물론 역사, 세계명작, 고전을 함께 읽으면, 훨씬 재미있고 이해도 잘 될 거예요. 마치 머릿속에 걸린 고무줄에 공부한 속담과 이야기가 구슬처럼 쏙쏙 꿰이는 기분일걸요?

마지막으로 완성된 구슬 목걸이가 머릿속에서 반짝반짝 빛나려면, 어떻게 해야 할까요? 바로 주변 사람들과 대화를 나눌 때 배운 속담을 사용하는

거예요.

친구가 교과서를 안 가져와서 빌려 주었더니, 돌려주는 것을 까먹었을 때엔, “똥 누러 갈 적 마음 다르고, 올 적 다르구나!” 하고 핀잔을 줘요. 새로 전학 온 친구를 험담하는 아이들에게는 “낮말은 새가 듣고, 밤말은 쥐가 들어.”라고 충고하고요.

속담의 좋은 점은 상대방이 속담을 처음 들어도 “옳거니!” 할 수 있다는 거예요. 재미있는 표현으로 이루어져 있어, 누구나 쉽게 알아들을 수 있거든요.

자, 이제 머릿속에 걸린 고무줄에 속담을 꿸 준비가 되었나요? 속담이 백 개라도 열심히 공부해야 국어왕이 될 수 있답니다.

차례

1 가는 날이 장날이다

어떤 일을 하다가 뜻하지 않은 일을 겪는다.

전래동화 종이에 싼 당나귀

먼 옛날, 엄마와 단둘이 사는 바보가 있었어요.

사람들은 머리가 모자라다고 바보라 불렀지만, 효자라고도 불렀대요. 왜냐하면 아픈 엄마를 위해 매일 남의 집에서 일해서 돈을 벌었거든요.

오늘도 바보는 일을 마치고, 동전 세 닢을 받았어요. 하지만 집으로 오는 길에 연못가에서 물을 마시다가 동전을 두고 왔지 뭐예요.

"다음부터는 꼭 바지 주머니에 넣어 가지고 오렴. 알았지?"

엄마가 바보의 머리를 쓰다듬으며 말했어요.

다음 날은 동전 대신 강아지를 받았어요. 바보는 엄마의 말대로 강아지를 바지 주머니에 넣었답니다. 얼마나 갔을까요? 강아지가 낑낑대며 주머니를 찢고 뛰어나갔어요. 결국 바보는 빈손으로 집에 돌아왔습니다.

"휴, 다음에는 새끼줄로 목을 묶어서 끌고 오려무나."

엄마가 한숨을 푹푹 쉬자 바보의 가슴도 푹푹 꺼지는 것 같았어요.

다음 날은 생선을 받았어요. 바보는 생선을 새끼줄로 묶어서 바닥에 질질 끌고 왔지요. 집에 오니 생선은 흙투성이에 가시만 남았어요.

"아이고, 귀한 생선을……. 다음에는 종이에 싸서 어깨에 메고 오렴."

엄마의 말을 듣자 바보는 속상했어요. 그래서 다음 날은 더 열심히 일했어요. 그랬더니, 품삯으로 당나귀 한 마리를 주는 게 아니겠어요?

"엄마 말대로 종이에 꼭꼭 잘 싸서 어깨에 메고 와야겠다."

바보는 종이를 구해서 당나귀를 쌌어요. 당나귀도 이런 경우는 처음이라 가만히 있었어요. 그런데 바보가 당나귀를 어깨에 메자, 놀라서 펄쩍 뛰었답니다.

무거운 당나귀 때문에 바보는 구슬땀을 흘렸어요.

"영차! 오늘은 꼭 무사히 집으로 가져갈 거야!"

가는 날이 장날이었나 봐요. 마침 원님의 행차가 있었는데, 바보와 딱 마주쳤답니다.

"아버지, 저 아이 좀 보세요. 종이에 싼 당나귀를 멨어요. 하하하!"

가마에 타고 있던 원님의 딸이 바보를 보고 깔깔 웃었어요.

사실 원님의 딸은 며칠째 아무것도 먹지 못하고 끙끙 앓고 있었어요.

그런데 바보를 보고 웃자, 목에 걸려 있던 생선 가시가 툭 튀어나오지 않았겠어요? 아무도 원님의 딸이 생선 가시 때문에 아팠다는 걸 몰랐던 거예요.

원님은 바보에게 당나귀를 멘 사연을 물었어요. 머리는 모자라도, 엄마의 말을 찰떡처럼 듣는 바보의 효심에 고개를 끄덕였답니다.

"바보 효자 덕에 내 딸의 병이 나았으니, 큰 상을 내리겠다!"

바보는 원님이 내린 상으로 엄마와 행복하게 잘 살았답니다.

예전에는 마을에 4~5일마다 시장이 열렸는데, 그날을 장날이라고 불러요. 장날에는 물건을 내다 팔기도 하고, 필요한 물건을 사기도 했어요. 그래서 장날은 아주 중요한 날이었지요. 우연히 길을 나섰는데 그날이 장날이라면, "옳거니! 잘 되었구나." 하겠죠? 반대로 오랜 시간을 걸어 친구 집에 갔는데 마침 장날이라 물건을 장에 팔려고 나간 친구를 만나지 못한다면 그때도 '가는 날이 장날'이라는 표현을 쓰겠죠? 당나귀를 멘 바보도 원님을 우연히 만났어요. 그런데 원님의 딸을 낫게 하고, 상까지 받았으니 '가는 날이 장날'이라 할 만 해요.

'가는 날이 생일이다'로 바꿔 쓸 수 있어요.

2 간에 붙었다 쓸개에 붙었다 한다

자기에게 조금이라도 이익이 되면
이편에 붙었다 저편에 붙었다 한다.

이솝우화 비겁한 박쥐

“어흥! 독수리 네 이놈, 당장 이리 내려오지 못 해!”

“싫다면? 사자, 너도 날개가 있다면 이까짓 거 아무것도 아닐 텐데. 안 됐구나.”

평화로웠던 숲속 마을이 시끄러워졌어요. 도대체 무슨 일일까요?

사자와 독수리가 서로 싸우고 있지 뭐예요!

얼마나 화가 났는지 사자의 갈기가 태양처럼 불타오르고, 독수리도 커다란 날개를 펄럭이며 발톱을 곤두세웠어요.

“내가 잡은 먹이를 독수리가 빼앗아 갔지 뭐냐!”

사자가 커다란 앞발로 "쿵" 하고 땅을 내리치며 동물들에게 말했어요. 그러자 독수리도 지지 않고 대답을 하네요.

"흥, 하늘 높이 날다가 내가 먼저 발견했어. 그럼 당연히 내 거지!"

결국 사자와 독수리의 싸움은 들짐승과 날짐승의 싸움으로 커졌어요. 다른 들짐승도 날짐승에게 먹이를 빼앗기곤 했거든요.

첫 번째 싸움에서는 사자와 들짐승이 이겼답니다. 그러자 멀리서 싸움을 지켜만 보던 박쥐가 결심했어요.

'그래. 편하게 먹고 살려면, 이기는 쪽에 붙어야지.'

박쥐는 날개를 접고 사자를 찾아갔어요.

"사자님, 저는 쥐와 친척인 박쥐예요. 저도 함께 싸우겠어요."

사자는 아무 생각 없이 박쥐를 받아 주었습니다.

그런데 두 번째 싸움에서는 날짐승이 이기지 않았겠어요? 박쥐는 꽁꽁 숨겨 두었던 날개를 펴고 독수리를 찾아갔지요.

"독수리님, 저도 날개가 있으니 날짐승 편에 껴도 되죠?"

독수리는 박쥐의 날개를 보더니 고개를 끄덕였어요.

그 후로, 싸움은 계속되었어요. 들짐승이 이겼다가 다시 날짐승이 이겼다가, 승부가 엎치락뒤치락 했지요. 그때마다 박쥐는 날개를 접었다 폈다 하면서 사자와 독수리를 찾아갔어요.

결국, 다른 동물들이 이 사실을 눈치채고, 사자와 독수리에게 일렀답니다.

"박쥐, 네 이놈! 간에 붙었다 쓸개에 붙었다 한다더니! 감히 우릴 속여?"

그래서 어떻게 되었냐고요? 박쥐는 들짐승과 날짐승 모두에게 쫓겨나 어두운 동굴에서 혼자 사는 신세가 되었답니다.

우리 몸속에 있는 '간'은 몸에 나쁜 물질을 해독해 주는 중요한 기관이에요. 간에서 만든 담즙을 보관하는 창고가 바로 '쓸개'이고요. '간에 붙었다 쓸개에 붙었다' 해도 감쪽같이 모를 정도로 이 둘은 바로 곁에 붙어 있답니다. 날개 달린 유일한 포유 동물인 박쥐도 싸우느라 정신이 없는 동물들 사이에서 들짐승 편에 섰다 날짐승 편에 섰다 했어요. 하지만 꼬리가 길면 밟힌다고 하죠? 결국 들통이 난 박쥐는 양쪽에서 쫓겨났어요.

'간에 붙었다 염통에 붙었다 한다'로 바꿔 쓸 수 있어요. '염통'은 심장을 뜻해요.

고전 하나 더

이솝우화 까마귀의 후회

까마귀가 투덜거리며 먹이를 찾아 날아다니고 있었어요.

"휴, 매일 지렁이나 벌레를 찾으러 다니는 것도 힘들어."

그런데 비둘기 사육장을 지나던 까마귀의 눈이 커졌어요.

사람들이 와서 고소한 냄새가 나는 모이를 잔뜩 주고 가는 게 아니겠어요? 비둘기들은 가만히 있다가 먹기만 했어요. 까마귀가 침을 꼴깍 삼키며 중얼거렸어요.

"내가 원하던 삶이야. 오늘부터 난 비둘기가 될 테다!"

까마귀는 자신의 까만 깃털을 하얗게 물들이고 비둘기 사육장으로 들어갔어요.

비둘기들은 까마귀를 동료로 생각하고 모이를 나누어 먹었습니다.

"깍깍, 행복해! 가만히 있어도 모이를 주다니! 깍깍!"

"뭐야? 이건 까마귀 울음소리잖아?"

비둘기들이 놀라서 까마귀를 사육장 밖으로 쫓아냈어요.

풀이 죽은 까마귀는 다시 까마귀 무리로 돌아갔답니다.

"어디서 비둘기가 까마귀 행세를 해? 저리 가!"

까마귀들은 깃털이 하얀 까마귀를 받아 주지 않았어요.

"간에 붙었다 쓸개에 붙었다 한다고, 이편 저편 옮겨 다닌 내 탓이야. 엉엉."

홀로 남은 까마귀는 차가운 눈물을 흘리며 중얼거렸습니다.

3 개미구멍이 둑을 무너뜨린다

작은 일이라고 그냥 두었다가 나중에 큰일을 망친다.

역사 트로이 전쟁

그리스 군대가 트로이로 쳐들어왔어요.

트로이의 왕자 파리스가 스파르타의 왕비 헬레네와 사랑에 빠져서 두 사람이 함께 도망을 쳤거든요. 왕비 헬레네를 되찾기 위해 스파르타를 비롯한 그리스의 도시 국가들이 군대를 이끌고 트로이로 향했답니다.

전쟁은 무려 십 년이나 계속되었어요. 트로이의 왕자 헥토르는 물론, 그리스의 영웅 아킬레우스도 전사했답니다.

아무리 많은 그리스 군대가 몰아붙여도, 단단하고 높은 트로이의 성벽을 뚫기 어려웠어요. 이때 그리스의 장군 오디세우스가 꾀를 냈어요.

“속이 비어 있는 목마를 하나 만들라! 그리고 재빠르고, 무예에 자신 있는 자들은 목마 안으로 들어가라.”

오디세우스는 정예 병사들을 숨긴 목마를 트로이 성 밖에 두었어요. 그리고 군사를 이끌고 그리스로 돌아가는 척했지요.

“그리스 군대가 물러났다! 우리 트로이가 이겼다!”

“승리의 여신 아테나가 우리에게 목마를 선물로 주셨다!”

“당장 목마를 성 안으로 옮기고, 잔치를 열자!”

트로이는 십 년 만에 찾아온 평화에 기뻤어요. 잔치를 열어 밤새 신나게 놀다가 곯아떨어졌답니다.

개미구멍이 둑을 무너뜨린다고 하죠? 트로이 사람들이 잠든 사이, 목마 속에 숨어 있던 그리스 병사들이 밖으로 나와 성문을 활짝 열었어요. 그러자 오디세우스와 그리스 군대가 트로이로 물밀 듯이 쏟아져 들어왔답니다.

목마 안에 적군이 숨어 있을 줄은 꿈에도 몰랐던 트로이는 그리스에게 무릎을 꿇고 말았습니다.

우리가 흔히 볼 수 있는 곤충인 개미는 몸집이 작고, 개미가 만든 구멍은 겨우 눈에 보일 정도예요. 하지만 작은 구멍이라고 얕잡아 보면 큰 코 다쳐요. 강물을 막으려고 쌓은 둑에 생긴 개미구멍이 물살로 점점 커지면 큰 구멍이 되어, 결국 둑을 무너뜨리게 되거든요. 그리스 군대가 물러난 줄 알고, 방심했던 트로이가 작은 목마 하나에 멸망한 것도 같은 이치예요.

고전 깊이 읽기

고대 그리스와 트로이 전쟁

고대 그리스는 여러 개의 도시 국가(폴리스)로 나누어져 있었습니다. 이 중에서 아테네, 스파르타, 트로이 등이 가장 세력이 세고 유명했어요. 트로이 전쟁은 바로 스파르타와 트로이 사이에서 벌어졌지요. 전쟁에서 패배한 트로이는 역사 속에서 사라지고 말았지만, 살아남은 트로이의 왕족이 이탈리아 반도로 건너가서 로마를 세운 이들의 조상이 되었다는 이야기도 전해진답니다.

트로이 전쟁에 관련된 사람들

- **파리스**: 여신 헤라와 아프로디테, 아테나가 누가 더 아름다운지 다투고 있었어요. 골치가 아팠던 제우스는 파리스에게 가장 아름다운 사람을 고르라고 시켜요. 파리스는 아프로디테를 선택하며, 인간 세상에서 가장 아름다운 여자와 결혼하게 해 달라고 빌었습니다. 아프로디테는 파리스의 소원대로 헬레네와 사랑에 빠지게 해 주었어요.
- **헬레네**: 스파르타의 왕 메넬라오스의 왕비로, 미모가 뛰어났어요. 트로이의 왕자 파리스와 사랑에 빠져서 도망치는 바람에 트로이 전쟁이 일어나게 돼요.
- **아가멤논**: 미케네의 왕으로, 스파르타의 왕 메넬라오스의 형이에요. 동생의 아내가 트로이로 도망치자, 오디세우스와 아킬레우스를 데리고 트로이로 쳐들어갑니다.
- **아킬레우스**: 태어나자마자 스틱스 강에 몸을 적셔서, 절대 죽지 않는 영웅이 되었어요. 하지만 발목만 물에 젖지 않아 약점으로 남았답니다. 트로이의 왕자 헥토르를 무찌르는 등 활약하지만, 파리스가 쏜 화살에 발목을 맞아 죽고 말아요.

4 고래 싸움에 새우 등 터진다

강한 사람들끼리 싸우는데 아무 상관도 없는
약한 사람이 중간에서 피해를 입는다.

신화 데메테르의 슬픔

그리스의 여신 데메테르는 세상의 모든 땅을 아끼고 살펴주는 어머니 같은 존재였어요. 덕분에 인간들은 일 년 내내 많은 곡식을 거두어 배불리 먹고 살았답니다.

그러니까, 이 사건이 있기 전까지 세상에는 겨울이 없었어요. 추위와 배고픔도 없었죠.

죽은 사람들이 사는 지하에는 하데스라는 신이 살았어요. 누구도 축축하고 어두운 지하를 좋아하지 않아서 하데스는 늘 혼자였죠.

어느 날, 외로운 하데스에게도 짝사랑이 시작되었어요. 바로 데메테르의 딸, 페르세포네에게 반한 거예요.

“아아, 아름다운 페르세포네와 결혼하면 얼마나 좋을까.”

하데스는 페르세포네를 속여서 지하로 데려왔어요. 그리고 지하에서 자란 석류를 주었답니다. 배가 고팠던 페르세포네는 석류를 한입 베어 물었어요.

그런데 지하의 음식을 먹은 사람은 이곳을 떠날 수 없었어요. 가엾은 페르세포네는 이 사실을 몰랐던 거예요. 페르세포네는 꼼짝없이 하데스에게 붙잡히고 말았어요.

“페르세포네야, 내 딸아, 어디에 있느냐!”

갑자기 페르세포네가 사라지자, 데메테르는 제정신이 아니었어요.

딸을 찾느라, 비를 내리고 곡식을 여물게 하는 일도 다 잊어버렸어요.

결국 온 세상에는 추운 겨울이 찾아왔어요. 고래 싸움에 새우 등 터진다고, 인간들은 갑자기 찾아온 추위와 배고픔에 죽어 갔답니다.

그러자, 그리스 신들 중에서 가장 높은 제우스가 나섰어요.

"페르세포네는 지하의 석류를 먹어서 지하를 떠날 수 없도다. 하지만 데메테르의 슬픔이 너무 크구나. 일 년 중 세 달은 지하에서, 나머지는 어머니와 땅 위에서 살게 하라."

이렇게 페르세포네가 하데스의 아내로 지하에 머물 때만, 겨울이 찾아 왔습니다.

'고래 싸움에 새우 등 터진다'에서 고래는 강한 자들을, 반대로 새우는 약한 자들을 뜻해요. 고래끼리 싸우는데 우연히 새우가 지나간다고 싸움을 멈추고 기다려 주진 않겠죠? 새우가 억울하게 피해를 보았다고 보상해 주지도 않을 거예요. 이런 경우에 이 속담을 쓴답니다.

고전 깊이 읽기

그리스의 눈먼 시인, 호메로스

호메로스는 고대 그리스에 살았던 시인이에요. 앞이 보이지 않았지만, 기억력은 아주 뛰어났다고 합니다. 고대 그리스 사람들은 제우스를 포함한 열두 명의 올림푸스 신들이 세상을 창조하고 인간들을 다스린다고 믿었어요. 호메로스는 사람들의 입을 통해 전해져 내려오는 그리스 신들의 이야기를 〈일리아스〉, 〈오디세이아〉라는 서사시로 썼어요. 〈일리아스〉와 〈오디세이아〉는 눈앞에서 사건이 벌어지는 것처럼 생생하고 웅장한 문체로 쓰여져 지금까지 사랑을 받고 있답니다.

〈일리아스〉와 〈오디세이아〉

- **신과 인간의 전쟁 〈일리아스〉**

기원전 900년경에 쓴, 트로이 전쟁에 대한 이야기예요. '일리아스'는 트로이의 다른 지명이라고 해요. 호메로스는 10년 간의 전쟁 중에서 마지막 50일을 숨 가쁘게 써 내려갔어요. 특히 신이 아닌 인간의 시선으로 바라보았기 때문에 의미가 크답니다.

- **고향으로 가는 먼 길 〈오디세이아〉**

목마를 만들어서 트로이 전쟁을 승리로 이끈 오디세우스가 10년에 걸쳐 고향으로 돌아가는 이야기예요. 오디세우스는 사람을 잡아먹는 거인을 해치우거나 마녀 키르케를 만나 부하들이 돼지로 변하고, 노랫소리로 뱃사람을 홀리는 세이렌을 만나는 등 온갖 고생을 해요. 결국 먼 길을 돌아서 사랑하는 아내와 아들의 품으로 무사히 돌아간답니다.

5 굴러 온 돌이 박힌 돌 뺀다

밖에서 들어온 지 얼마 안 된 사람이
원래 있던 사람을 내쫓거나 해치려 한다.

전래동화 뻔뻔한 고슴도치

고슴도치가 하얀 눈을 맞으며 걷고 있었습니다. 뾰족한 가시에 눈이 한가득 쌓여서 하얀 호빵에 발이 달린 것처럼 보였어요.

"에취! 이러다 감기 걸리겠다. 어서 잠 잘 곳을 찾아야 할 텐데……."

고슴도치는 이 집 저 집 기웃거리며 중얼거렸어요. 그러다 개미집을 발견하고 문을 똑똑 두드렸어요. 그러자 개미가 고개를 내밀었어요.

"개미야, 날이 너무 추운데, 하룻밤만 재워 줄 수 있어?"

"나도 살기 좁은 집에 어딜 들어와?"

개미가 문을 쾅 닫자, 고슴도치는 힘없이 발길을 돌렸어요. 이젠 배에서 꼬르륵 소리까지 났어요.

"너무 춥고, 배가 고프구나. 누군가 날 받아 주면 얼마나 좋을까."

그때 저 멀리 오두막집이 보였어요. 고슴도치는 머리에 쌓인 눈을 털어내고 오두막집으로 달려갔어요.

"누구 있어요? 너무 배가 고픈데, 잠시 쉬었다 갈 수 있을까요?"

문 안 쪽에서 생쥐의 목소리가 들려왔어요.

"어……. 고슴도치구나. 미안하지만, 우리 먹을 것도 없어. 안녕."

돌아서는 고슴도치의 몸은 천근만근 무거웠어요. 이러다간 얼어 죽거나, 굶어 죽거나 둘 중 하나였어요. 고슴도치는 서러운 마음에 엉엉 울고 싶었답니다. 갑자기 네 다리에 힘이 쭉 빠지는 느낌이 들었어요. 그 순간, 고슴도치는 발을 헛디뎌서 숲속 깊은 곳으로 굴러떨어졌어요.

밤송이처럼 오므렸던 몸을 펴자, 고슴도치의 눈앞에 조그만 굴이 보였어요.

굴 안에는 엄마 꽃뱀과 아기 꽃뱀들이 겨울잠을 준비하고 있었어요.

"저, 저기……. 잠시만 몸을 녹일 수 있을까요? 온몸이 꽁꽁 얼어서요."

엄마 꽃뱀이 고슴도치를 불쌍한 눈으로 보며 고개를 끄덕였어요.

"에고, 잠시가 아니라 올겨울을 여기서 지내렴. 자리는 좁지만 따뜻할 거야."

엄마 꽃뱀의 말에 고슴도치는 뛸 듯이 기뻤어요.

고슴도치는 좁은 굴 안으로 기어들어가서 눈을 감았어요. 너무 따뜻하고 기분이 좋았답니다. 그래서 자신도 모르게 움츠렸던 가시를 활짝 펼쳤어요.

"앗, 따가워!"

구석에 모여 있던 아기 꽃뱀들이 고슴도치의 가시에 찔려서 비명을 질렀어요. 엄마 꽃뱀이 놀라서 고슴도치에게 말했어요.

"우리 아가들이 가시에 찔릴 수 있으니, 조심해 줄래?"

"네. 죄송해요."

고슴도치가 미안한 듯 고개를 숙였어요. 하지만 얼마 못 가서 또 고슴도치의 가시에 꽃뱀들이 찔렸어요.

"휴, 안 되겠구나. 미안하지만 이 굴에서 나가 줘야겠구나."

엄마 꽃뱀이 화가 나서 고슴도치에게 말했어요. 그런데 고슴도치는 오히려 가시를 더 빳빳하게 세우며 이렇게 대답했어요.

"이렇게 추운데 나보고 나가라고요? 싫어요."

굴러 온 돌이 박힌 돌 뺀다고 뻔뻔한 고슴도치 때문에 꽃뱀 가족은 추운 겨울, 다른 굴을 찾아 떠나야 했어요.

'굴러 온 돌'은 고슴도치고, '박힌 돌'은 꽃뱀이라는 거 눈치챘나요? 어려운 처지에 놓인 고슴도치를 받아 주었는데, 도리어 꽃뱀 가족이 따뜻한 집을 두고 떠나야 하다니요. 이런 경우를 '굴러 온 돌이 박힌 돌 뺀다'라고 해요.

비슷한 사자성어로 '주객전도(主客顚倒)'가 있어요. '주인 주(主), 손 객(客), 뒤집힐 전(顚), 넘어질 도(倒)'로, 주인과 손님의 역할이 바뀌었다는 의미예요.

6 굼벵이도 구르는 재주가 있다

아무리 부족한 사람도 한 가지 재주는 있다.

세계명작 장화 신은 고양이

방앗간 주인이 세상을 떠나며, 세 아들에게 유산을 남겼어요.

첫째는 방앗간을, 둘째는 당나귀를, 셋째는 고양이를 물려받았답니다.

"아버지는 날 사랑하지 않으셨나 봐. 고작 고양이라니……."

셋째가 슬픔에 빠져서 중얼거렸어요. 그러자 고양이가 위로했어요.

"장화 한 켤레와 주머니를 주시면, 주인님을 꼭 성공시켜 드릴게요."

셋째는 별 기대 없이 고양이에게 물건을 내 주었어요. 고양이는 장화를 신고, 근처 숲속으로 향했습니다.

고양이는 주머니에 상추를 담아서 토끼를 잡았어요. 그리고 토끼를 들고 왕을 찾아갔어요.

"저의 주인님인 카라바 후작님이 폐하께 바치는 것입니다."

왕은 크게 기뻐하며 토끼를 받았답니다. 그 후로도 고양이는 토끼와 메추라기를 잡아서 왕에게 바쳤어요.

어느 날, 고양이는 왕과 아리따운 공주가 강가로 소풍을 간다는 소식을 들었어요. 그래서 서둘러 셋째를 불러서 말했어요.

"주인님, 제가 가리키는 곳으로 수영해 오세요. 꼭이요."

고양이는 셋째가 물속으로 들어가는 것을 확인했어요. 그리고 왕과 공주가 있는 곳으로 달려갔습니다.

"도와주세요. 카라바 후작님이 물에 빠졌어요!"

왕은 그동안 열심히 사냥감을 바쳤던 고양이를 알아보았어요. 병사에게 어서 셋째를 구하라고 명했답니다. 그러자 고양이가 슬픈 표정으로 말했어요.

"폐하, 도둑들이 주인님의 옷을 몽땅 훔쳐 갔답니다."

왕은 시종에게 명해서 셋째에게 가장 좋은 옷을 주라고 했어요. 셋째가 화려한 귀족의 옷을 입자, 공주는 한눈에 반했어요. 셋째 역시 아름다운 공주에게 마음을 빼앗겼고요.

"카라바 후작, 내 마차에 타지 않겠나?"

이렇게, 셋째는 카라바 후작이 되어 화려한 궁정 마차에 올라탔습니다.

마차는 곡식이 황금물결을 치는 넓은 들판을 지났어요. 일을 하던 농부들이 왕을 알아보고 땅에 바짝 엎드렸어요.

“참으로 대단한 들판이구나. 이곳의 주인은 누구더냐?”

“카, 카라바 후작님입니다.”

농부가 말을 더듬거리며 대답했어요. 왕은 흐뭇한 표정으로 셋째를 보며 고개를 끄덕였지요.

마차는 끝도 없이 펼쳐진 들판을 따라 달렸어요. 일하던 농부들은 이곳이 모두 카라바 후작의 땅이라고 말했어요.

도대체 어떻게 된 일이냐고요? 사실은 고양이가 왕의 마차를 앞질러 가며 농부들에게 외쳤답니다.

“폐하께 이곳이 카라바 후작의 땅이라 말해라. 안 그러면 괴물이 널 잡아먹을 거다.”

농부들은 괴물이 무서워 고양이가 시키는 대로 대답했어요. 이곳은 모두 괴물의 땅이었거든요.

한편 고양이는 먼저 괴물의 성에 도착했어요. 괴물은 높은 의자에 앉아 고양이를 맞이했지요.

“성주님, 어떤 동물로도 변신하실 수 있다던데, 사실인가요?”

고양이의 말이 끝나기 무섭게, 괴물이 커다란 사자로 변했어요. 고양이는 너무 무서워 두 손을 바들바들 떨었답니다.

“그, 그러면 작은 쥐로도 변신하실 수 있나요?”

커다란 사자가 작은 생쥐로 변했어요. 고양이는 그때를 놓치지 않고

생쥐로 변한 괴물을 잡아먹었어요.

마침내, 왕의 마차가 괴물의 성에 도착했어요. 고양이가 우아하게 절을 하며 왕을 맞이했습니다.

"폐하, 카라바 후작님의 성에 모시게 되어 영광입니다."

왕과 공주는 웅장하고 아름다운 성에 감탄했어요.

"카라바 후작, 정말 대단하군!"

왕은 공주가 카라바 후작에게 한눈에 반했다는 것을 눈치챘어요. 왕 역시 점잖고 겸손한 후작이 마음에 들었답니다.

"그대와 내 딸이 결혼한다면 나에게 큰 기쁨일 걸세."

카라바 후작이 아름다운 공주를 거절할 리가 없겠죠?

굼벵이도 구르는 재주가 있다더니, 보잘 것 없는 고양이가 주인을 귀족으로 만들고, 한 나라의 공주와 결혼시켰습니다.

굼벵이는 매미나 풍뎅이의 애벌레로, 몸집이 작고 느릿느릿 기어 다녀요. 그래서 행동이 느리고 굼뜬 사람을 굼벵이 같다고 놀리기도 하죠. 하지만 이런 굼벵이가 구르기도 한답니다. 사람의 경우도 마찬가지예요. 보잘 것 없는 사람도 잘하는 게 하나는 있다는 의미로 '굼벵이도 구르는 재주가 있다'는 속담을 쓰지요.

고전 하나 더

설화 반쪽이

아이를 갖지 못해서 슬픈 부부가 살았어요.

어느 날, 길을 가던 스님이 부부를 불쌍히 여겨서 말했습니다.

“뒷산에 열매가 셋이 달린 나무가 있네. 그 열매를 먹으면 아이를 갖게 될 걸세.”

아내는 스님의 말대로 열매를 따다 먹었어요. 그런데 세 번째 열매를 반쯤 먹다가 군침을 흘리는 남편에게 주었다네요. 점점 아내의 배가 부르더니, 열 달이 흘러 아이가 셋이나 태어났어요. 하지만 셋째는 몸도 반쪽, 얼굴도 반쪽으로 태어났지 뭐예요. 그래서 반쪽이라고 부르게 되었어요.

반쪽이는 형들을 따라 열심히 책을 읽으며 자랐어요.

과거 시험 날, 반쪽이는 형들을 따라 시험장으로 향했어요.

하지만 형들은 예전부터 반쪽이가 마음에 들지 않았어요. 같이 서당에 다니는 것도 부끄러웠거든요. 그래서 자기들도 모르게 나쁜 마음을 먹었답니다.

“반쪽아, 저기 개울가에 가재들이 많구나. 구워 먹게 잡아오렴.”

형들은 가재를 잡는 반쪽이에게 커다란 바위를 굴렸어요. 그리고 얼른 시험장으로 향했지요. 하지만 반쪽이는 바위에 깔려도 끄떡하지 않고 오히려 바위를 번쩍 들어서 집 마당에 갖다 놓았어요. 그러고는 서둘러 형들을 따라가 어려운 과거 시험에 떡 하니 합격을 했답니다.

“굼벵이도 구르는 재주가 있다더니, 우리 반쪽이가 벼슬길에 오르게 되었구나!”

누구보다 이 소식에 기뻐한 것은 반쪽이의 부모님이었어요. 반쪽이를 해치려고 했던 형들도 잘못을 뉘우치고, 용서를 빌었답니다.

7 길고 짧은 것은 대어 보아야 안다

누가 더 나은지는 실제로 겨루어 보아야 안다.

전래동화 재주 많은 오 형제 교과서 수록

먼 옛날, 할아버지 할머니 부부가 아이를 갖게 해 달라고 기도했어요.

열 달이 지나자, 건강한 사내아이가 태어났어요. 아이의 손이 하도 큼지막해서 큰손이라고 불렀어요. 큰손이는 맨손으로 밭을 갈아엎을 정도로 무럭무럭 자랐습니다.

그러던 어느 날, 큰손이는 세상 구경이 하고 싶었어요. 그래서 부모님의 허락을 받고 먼 길을 떠났어요.

얼마나 갔을까, 콧김이 엄청 세서 나무를 흔드는 콧김이를 만났어요.

“나는 큰손이라고 해. 우리 친구 할래?”

“좋아! 난 콧김이야.”

한번 오줌을 싸면 강물처럼 콸콸 흐르는 오줌이도 만났어요. 세 친구는 형제처럼 마음이 통했답니다.

그런데 저 앞에 옷고름에 커다란 배를 매달고 가는 배돌이가 있지 않겠어요?

“난 배돌이야. 나도 데리고 가. 혼자는 외롭거든.”

“좋아. 우린 큰손이, 콧김이, 오줌이라고 해.”

네 아이들이 한참을 걸었나 봐요. 멀리서 쿵쿵 하는 발소리를 내며 무쇠발이가 나타났어요. 발에 크고 무거운 무쇠 신을 신고 있어서 모두 깜짝 놀랐답니다.

“우리는 세상 구경을 다니고 있는데, 너도 같이 갈래?”

“좋아. 이렇게 된 거 우리 의형제를 맺자!”

이렇게 큰손이, 콧김이, 오줌이, 배돌이, 무쇠발이는 오 형제가 되었어요.

한밤중이 되자 오 형제는 어떤 오두막집에 들어갔어요.

어미 호랑이와 아들 호랑이들이 사는 곳인 줄 모르고 말예요.

“어흥! 내기를 해서 너희가 이기면 살려 주고, 지면 잡아먹겠다!”

“좋아. 길고 짧은 것은 대어 보아야 알지. 한번 겨뤄 보자.”

첫 번째 대결은 나무 많이 하기였어요. 호랑이들이 도끼로 나무를 했어요. 한데 오 형제는 낮잠에 빠져 있지 않겠어요? 한잠 자고 난 큰손이

가 맨손으로 나무를 쑥쑥 뽑아내 오 형제가 이겼답니다.

두 번째 대결은 둑 높이 쌓기였어요. 호랑이들은 강 위, 오 형제는 강 아래에서 둑을 쌓았어요. 큰손이가 꾸벅꾸벅 조니까, 호랑이네 둑이 점점 높아졌어요. 콧김이가 콧바람을 불어 큰손이를 깨우자, 큰손이가 돌을 휙휙 던져서 둑이 완성되었네요. 이번에도 오 형제가 이겼습니다.

"와! 우리가 이겼다. 이겼어!"

"헤헤, 호랑이 별거 아니네."

이렇게 오 형제는 무시무시한 호랑이들을 거뜬히 이겼답니다.

친구와 달리기 시합을 하려는데, 나를 얕잡아 보는 말을 할 때가 있어요. 그땐 기죽지 말고 “길고 짧은 것은 대어 보아야 안다.”고 말해 주면 돼요. 대결도 하기 전에 누가 더 낫고 못하다고 말하는 것은 소용없는 일이에요. 대결을 해 보면 다른 결과가 나오기도 하니까요.

8 꿈보다 해몽이 좋다

별로 좋지 않은 일을 좋게 이야기해 준다.

전래동화 멸치의 꿈

어느 날, 멸치가 이상한 꿈을 꾸었어요. 그래서 가자미를 불러서 부탁했어요.

"가자미야, 서쪽 바다에 사는 망둑어를 데려와 줘."

"뭐? 나보고 그 먼 데까지 가라고?"

"망둑어가 꿈 풀이를 잘하기로 소문났잖아. 부탁해."

가자미는 하는 수 없이 서쪽 바다로 떠났어요. 그리고 넓적한 등에 망둑어를 태우고 헉헉대며 돌아왔답니다.

멸치는 가자미에게 고맙다는 말도 안하고, 망둑어를 보자 신이 나 물었어요.

“망둑어야, 어젯밤에 내가 하늘로 휙 올라갔다가, 땅으로 뚝 떨어지고, 더웠다가 또 추웠어. 이게 무슨 꿈일까?”

망둑어는 까만 얼굴에 인상을 쓰며 한참을 고민하다 대답했어요.

“흠, 아무래도 멸치 네가 용이 될 꿈인 것 같다.”

“이럴 수가, 내가 용이 된다고?”

멸치는 너무 좋아서 팔짝 뛰었어요.

하지만 옆에 있는 가자미의 속은 부글부글 끓었어요.

‘내가 멸치의 하인도 아니고, 고맙다고 말하면 입이 닳기라도 하나?’

그래서 참다못한 가자미가 멸치에게 쏘아붙였어요.

"꿈보다 해몽이 좋구나. 그건 네가 어부에게 잡혀 먹을 꿈이다!"

"뭐라고? 너 지금 샘이 나서 그러는 거지?"

"잘 들어봐. 네가 낚싯줄에 걸려서 하늘로 휙 올라갔다가 뱃전으로 뚝 떨어지는 거야. 그리고 가마솥에 푹 삶아져서 덥고, 바람에 말려서 추운 거고."

가자미의 말을 듣자 멸치는 화가 났어요. 그래서 있는 힘껏 가자미의 뺨을 철썩 때렸답니다.

어찌나 세게 때렸던지, 그때부터 가자미의 눈이 한쪽으로 휙 쏠리게 되었다고 해요.

어젯밤 내가 왜 이런 꿈을 꾸었는지 풀이하는 것을 해몽이라고 해요. 하지만 대부분은 미신인 경우가 많아요. 그래서 풀이해 주는 사람에 따라 꿈의 의미가 달라지기도 한답니다. 이렇게 꿈뿐 아니라 실제 겪은 일을 좋게 말해 주는 경우를 '꿈보다 해몽이 좋다'라고 해요.

고전 하나 더

탈무드 뱀의 변명

사자가 어슬렁어슬렁 길을 가다가 멈췄어요. 뱀이 스르륵 하고 기어 나왔거든요. 뱀은 눈앞의 생쥐를 향해 입을 쩍 벌렸어요. 그러더니 생쥐를 통째로 꿀꺽 삼키는 게 아니겠어요?

그것을 본 사자가 인상을 찌푸리며 말했어요.

"나는 먹이를 이빨로 잘근잘근 씹어야 삼킬 수 있는데, 너는 건방지게 한번에 삼키는구나."

그러자 뱀이 긴 혀를 날름거리며 당당하게 대답했어요.

"아이고, 사자님. 저는 먹이를 존중해서 삼켜 주는 것입니다."

"그건 또 무슨 소리냐?"

"저는 생쥐가 아프지 않게 상처를 내지 않고 잡아먹거든요."

사자는 너무 어이가 없었어요.

"꿈보다 해몽이 좋다더니, 잡아먹는 주제에 존중한다고 말하는구나."

"……."

"어흥! 나도 너를 존중해서 잡아먹어 줄까?"

뱀은 사자의 "어흥!" 하는 소리에 깜짝 놀라 도망가 버렸답니다.

9 나무만 보고 숲은 보지 못한다

부분만 보고, 전체는 보지 못하는 좁은 시야를 가졌다.

설화 눈 감고 코끼리 만지기

부처님이 마을을 방문하자 사람들이 모여들었어요.
“제가 들은 부처님의 말씀은 이랬어요.”
“아니에요. 제가 들은 부처님의 말씀은 이랬어요.”
“둘 다 틀렸소. 내가 아는 게 진짜요.”
사람들은 각자 자신의 생각이 옳다고 주장했어요.
그러자 가만히 있던 부처님이 이런 이야기를 들려주었답니다.

먼 옛날에 어떤 왕이 있었어요.
왕은 앞을 보지 못하는 사람들과 코끼리 한 마리를 데려오라 명했습니다.

모두 모이자 왕은 앞을 보지 못하는 사람들에게 명령했어요.

"코끼리를 만져 보고 어떻게 생겼는지 말해 보라."

먼저, 코끼리의 다리를 만진 사람이 대답했어요.

"코끼리는 커다란 나무처럼 생겼습니다."

코끼리의 머리를 더듬어 본 사람도 대답했어요.

"코끼리는 커다란 솥 같습니다."

코끼리의 등을 만진 사람도 큰 소리로 대답했어요.

"아닙니다. 코끼리는 커다란 언덕입니다."

마지막으로 코끼리의 꼬리를 만진 사람이 대답했어요.

"코끼리는 밧줄이 틀림없습니다."

부처님의 이야기를 듣던 사람들이 웃음을 터뜨렸어요. 코끼리 보고 나무니, 커다란 솥이니, 커다란 언덕이니, 밧줄이니 하는 것이 어이없었거든요.

“여러분은 아까 자신의 말만 맞다고 하셨지요.”

“…….”

“여러분의 말이 틀린 것은 아니지만, 그것이 전부는 아니에요. 크고 깊은 불법을 어찌 다 안다고 자신할 수 있겠습니까?”

부처님 앞에 모인 사람들은 얼굴이 붉게 달아올랐어요. 사람들은 곧 부처님께 허리를 숙여 이렇게 말했답니다.

“나무만 보고 숲은 보지 못한다는 말이 바로 저희를 두고 하는 말이군요.”

이야기를 통해 속담 공부를 재미있게 하고 있나요? 만약 ‘나무만 보고 숲은 보지 못한다’라는 속담만 따로 배웠다면 그것은 숲에 들어가 나무만 보는 것과 똑같아요. 속담과 연결된 이야기를 읽어 보고, 친구와 속담을 사용해서 대화를 해 보는 건 어떨까요? 속담은 삶의 지혜를 담고 있는 그릇이에요. 배운 그릇을 사용할 줄 알아야 숲 전체를 보는 것과 같답니다.

고전 하나 더

전래동화 천자문만 읽게 했다고?

옛날에, 어떤 부자에게 어린 아들이 하나 있었어요. 부자는 아들의 공부를 맡길 훈장님을 찾고 있었답니다. 그때 산 너머 옆 마을에 좋은 훈장님이 있다는 소문을 듣고 찾아갔어요.

"공부를 마치려면, 몇 년 동안 아이와 만날 수 없을 텐데, 괜찮겠습니까?"

"공부만 잘 가르쳐 주신다면, 보고 싶어도 참아야죠."

부자는 훈장님에게 아들을 맡기고, 집으로 돌아왔어요. 그렇게 반 년이 지났어요. 부자가 잠을 자려고 누우면 눈앞에 아들의 모습이 어른거렸어요. 결국, 부자는 몰래 아들을 찾아갔어요.

멀리서 책 읽는 아들의 목소리가 들려왔어요. 그런데 조금 이상한 점이 있었어요.

'지금 천자문을 읽는 건가? 한 달이면 다 읽을 책인데, 반 년째 읽고 있다니…….'

부자는 혹시 아들이 머리가 나빠서 아직도 천자문을 읽고 있나 걱정했어요. 1년 뒤 다시 찾아갔을 때도 아들은 계속 천자문만 읽고 있었어요.

"어허! 어찌 일 년 반이나 천자문만 읽게 한단 말인가!"

부자는 훈장님에게 화를 내며 아들을 데리고 집으로 돌아왔어요.

그런데 집으로 온 아들이 〈논어〉, 〈동몽선습〉처럼 어려운 책을 척척 읽는 거예요.

'내가 나무만 보고 숲은 보지 못했구나. 천자문만 겨우 읽는 줄 알았는데…….'

다음 날, 부자는 훈장님을 찾아가서 용서를 빌었습니다.

"다시 제 아들을 제자로 받아주십시오."

"이 아이는 크게 될 인물이었는데, 당신이 일을 그르쳤소이다."

훈장님은 차갑게 말하며, 대문을 닫고 들어가 버렸습니다.

10 남의 손의 떡은 커 보인다

내 것보다 다른 사람의 것이 더 좋아 보인다.

전래동화 요술 항아리 교과서 수록

밤낮으로 열심히 일하는 농부가 살았어요. 농부는 욕심쟁이 영감에게 밭을 빌려서 농사를 지었답니다.

그러던 어느 날, 농부가 밭을 가는데, '번쩍!' 하고 항아리가 나왔어요.

"오잉, 하마터면 쟁기가 부러질 뻔했네. 웬 항아리지?"

농부는 항아리를 집으로 가져왔어요. 그리고 아무 생각 없이 항아리 속에 괭이 하나를 넣어 두고 잠이 들었습니다.

그런데 다음 날, 일어나 보니 항아리 안에 괭이가 가득 들어 있었어요.

“어라, 항아리가 괭이를 낳았나? 분명 하나를 넣어 뒀는데?”

혹시나 하는 마음에 농부는 항아리에 엽전을 넣었어요. “땡그랑” 하고 엽전이 떨어지자, 항아리 안에 엽전이 수북해지는 게 아니겠어요?

“에헤라디야! 나에게 요술 항아리가 생겼구나!”

농부가 어깨춤을 추며 기뻐했어요. 그때 농부의 집을 지나던 욕심쟁이 영감이 이 소리를 들었어요.

“이보게, 지금 요술 항아리라고 했나? 어디서 구했나?”

“영감님네 밭을 갈다가 나왔지 뭡니까.”

“뭐? 내 밭에서 나왔다고? 그럼 이 항아리는 당연히 내 거지!”

남의 손의 떡은 커 보인다고, 욕심쟁이 영감은 농부의 손에 들린 요술 항아리가 탐이 났어요.

“무슨 말씀이십니까? 땅을 빌려 주셨으니, 제 항아리지요.”

“말도 안 되는 소리. 당장 원님께 가서 주인을 가려 달라고 합세!”

욕심쟁이 영감과 농부는 원님을 찾아갔어요.

“이 항아리에 물건을 넣으면 뭐든지 불어난다고?”

항아리를 본 원님의 눈빛이 변했어요. 원님도 이 항아리가 탐이 났거든요.

“보아하니, 싸움만 일으키는 항아리로구나. 이건 내가 압수하겠다!”

“워, 원님! 저 항아리는 분명 제 것이…….”

“그 입 다물어라! 감히 원님의 판결에 토를 다느냐!”

농부와 욕심쟁이 영감은 하는 수 없이 항아리를 원님께 바쳤어요.

다음 날이었어요. 원님의 아들이 다른 도령들과 숨바꼭질을 하고 있었어요.

"히히, 항아리 속에 숨으면 아무도 못 찾겠지?"

항아리를 발견한 원님의 아들이 그 안으로 쏙 들어가지 않겠어요?

"못 찾겠다. 못 찾겠다. 꾀꼬리. 어서 나와라!"

술래가 원님의 아들을 불렀어요.

하지만 항아리 밖으로 나온 도령은 한 명이 아니었어요. 똑같은 얼굴을 한 도령이 항아리에서 나오고 또 나오는 거예요.

"헉, 도대체 내 아들이 몇 명인 것이냐!"

원님은 마당을 가득 채운 자신의 아들을 보고, 깜짝 놀라서 항아리를 깨뜨렸어요. 그러자 모든 것이 제대로 돌아왔답니다.

농부의 손에 들린 요술 항아리를 보자, 욕심쟁이 영감과 원님이 욕심을 냈어요. 남의 물건이 더 좋아 보이면, 손에 넣어야 직성이 풀리는 사람들이거든요. 똑같은 떡도 남의 떡이 커 보이고, 같은 일을 해도 내가 남보다 더 고생하는 것 같은 나쁜 심보는 꼭 고쳐야겠죠?

'남의 밥에 든 콩이 굵어 보인다'로 바꿔 쓸 수 있어요.

교과서 수록

11 낮말은 새가 듣고 밤말은 쥐가 듣는다

아무도 없는 곳이라도 말을 조심해야 한다.

전설 경문왕의 당나귀 귀

교과서 수록

신라의 경문왕에게는 비밀이 하나 있었어요.

"어허, 사람의 귀가 왜 당나귀처럼 길어진단 말인가."

왕위에 오른 뒤부터 양쪽 귀가 점점 길어져서 이젠 당나귀 귀가 되었거든요.

왕은 아무에게도 비밀을 말하지 않았어요. 늘 복두를 머리에 쓰고 있어 심지어 왕비까지도 몰랐어요.

하지만 왕이 쓰는, 복두를 만드는 복두장이는 알게 되었어요.

새로운 복두를 만드느라 왕의 머리 길이를 재야 했거든요.

복두장이는 왕의 커다란 귀를 보고 깜짝 놀랐어요.

'허허, 내 눈이 잘못된 건가?'

만약 친구가 당나귀 귀를 가졌다면, 껄껄 웃으며 놀려 댔을 거예요. 하지만 나라에서 가장 높은 왕 앞이라 웃을 수가 없었답니다.

집으로 돌아온 복두장이는 아내와 아이들을 보자 입이 근질거려 참을 수 없었어요.

'이 재미있는 사실을 나만 알고 있다니, 안타깝구나.'

다음 날, 복두장이는 길에서 친구를 만났어요.

'낮말은 새가 듣고 밤말은 쥐가 듣는다고. 몰래 이야기를 했다간 임금님 귀에 들어갈지도 몰라.'

복두장이는 입에 자물쇠를 채운 것처럼 꾹 다물었어요. 그리고 가슴 속에 깊이 비밀을 묻어 두기로 했습니다.

세월이 흘러, 복두장이는 죽음을 앞두고 있었어요.

'곧 세상을 떠날지 모르니, 이젠 털어놔도 되겠지…….'

밤이 깊어지자 복두장이는 대나무 숲으로 갔어요. 그리고 큰 소리로 외쳤답니다.

"임금님 귀는 당나귀 귀! 임금님 귀는 당나귀 귀!"

복두장이의 가슴이 뻥 뚫리는 것처럼 시원했어요. 마치 십 년 전에 체한 것이 이제야 내려가는 것 같았지요. 복두장이는 집으로 돌아와 행복하게 죽음을 맞이했답니다.

그런데 그 후로, 대나무 숲에 바람이 불면, 이상한 소리가 들려왔어요.

“임금님 귀는 당나귀 귀! 임금님 귀는 당나귀 귀!”

이 소리를 듣고, 온 나라 사람들이 수군거렸어요. 결국 왕의 귀에까지 소문이 들어갔답니다.

당황한 왕이 병사들에게 명령했어요.

“대나무를 모두 베고, 산수유를 심도록 해라.”

하지만 산수유 숲에도 바람이 불면 여전히 그 소리가 들려왔답니다.

“임금님 귀는 당나귀 귀! 임금님 귀는 당나귀 귀!”

가슴이 너무 답답했던 복두장이가 한밤중에 아무도 없는 대나무 숲에 가서 비밀을 털어놓았어요. 한데, 누가 그 비밀을 들은 걸까요? 복두장이의 말이 메아리가 되어 온 나라 사람들이 다 알게 되었답니다. '낮말은 새가 듣고 밤말은 쥐가 듣는다'라는 속담처럼 낮과 밤, 그러니까 항상 말을 조심해야겠지요?

고전 깊이 읽기

다른 나라에도 당나귀 귀를 가진 왕들이 있다고?

신라의 경문왕은 당나귀 귀 때문에 고민이 많았어요. 그런데 신기하게도 이와 비슷한 설화가 다른 나라에도 있답니다. 바로, 페르시아의 알렉산더 대왕과 그리스의 미다스 왕도 당나귀 귀로 고생을 했다고 하네요. 옛날에는 귀가 크면, 많은 것을 듣고 배우기 때문에 특별하다고 생각했어요. 당나귀 귀는 놀림거리가 아닌, 뛰어난 사람을 뜻하기도 했답니다.

- **알렉산더 대왕과 피리**

알렉산더 대왕은 머리에 뿔이 달린 것처럼, 귀가 아주 컸대요. 이 사실은 왕의 이발사만 알고 있었답니다. 마음이 답답한 이발사는 우물에 대고 비밀을 외쳤어요. 그러자 우물 안에서 대나무가 자라났습니다. 길을 가던 양치기가 대나무를 잘라서 피리를 만들어 연주를 하자, "왕의 귀가 아주 크다."라는 말로 들렸어요. 결국 온 나라에 소문이 퍼졌지만, 왕은 이발사를 용서해 주었답니다.

- **아폴론의 분노를 산, 미다스 왕**

우연히 아테나 여신의 피리를 줍게 된 마르시아스는 피리를 아주 아름답게 연주했어요. 그러다가 태양의 신인 아폴론과 서로 피리 솜씨를 겨루게 되었답니다. 그래서 뮤즈 여신들과 미다스 왕이 승자를 가려 주기로 했지요. 두 사람의 연주를 들은 미다스 왕은 미르시아스의 손을 들어 주었어요. 자존심이 상한 아폴론은 미다스 왕의 귀를 당나귀 귀로 만들어 버렸답니다.

12 내 코가 석 자나 빠졌다

내 처지가 어려워서 남을 도울 수 없다.

세계명작 두 나그네의 선택

눈 폭풍이 사납게 몰아치는 밤이었어요.

사람들은 모두 집으로 돌아가 뜨거운 수프를 후후 불어 마시고, 이불을 꽁꽁 싸매고 잠이 들었답니다.

하지만 아직도 잠자리를 찾지 못한 두 나그네가 있었어요. 차가운 두 발에는 감각이 없었고, 눈썹도 하얗게 얼었답니다.

"서두르게. 이러다가 눈사람이 되겠어!"

키가 큰 사내가 작은 사내에게 재촉했어요. 숨을 쉴 때 나오는 입김까지도 얼어붙을 것 같았거든요.

그때, 작은 사내가 누군가를 발견하고 외쳤어요.

"저기 누군가가 쓰러져 있네. 어서 가 보세."

"그냥 두게. 어차피 죽었을 거야."

"부들거리며 떠는 모습이 안 보이나? 살아 있는 게 분명해."

작은 사내가 달려가 쓰러져 있던 노인을 흔들어 깨웠어요.

"정신 차리세요. 이러고 있으면 죽습니다."

"사, 살려… 주시오……."

온몸이 꽁꽁 얼어붙은 노인은 눈도 뜨지 못하고 중얼거렸어요. 작은 사내는 자신의 목도리를 끄러서 노인의 목에 둘러 주었어요.

"자네 지금 제정신인가? 내 코가 석 자나 빠졌다고. 지금 다른 사람을 도와줄 처지가 아니야. 당장 출발하지 않으면 모두 얼어 죽을 거야."

"그래도 난 이 노인을 두고 갈 수 없네."

"그렇게 고집 피우다가 큰일 날 거야!"

결국 키 큰 사내는 홀로 길을 떠났어요. 밤새 눈 폭풍이 더 거세어질 거라는 걸 알았거든요.

작은 사내는 노인을 부축해서 일어났어요. 그리고 자신의 외투를 벗어서 노인과

함께 뒤집어썼답니다. 왠지 모르게 서로 몸을 기대고 함께 걸으니, 아까 보다 덜 추운 것 같았어요.

새하얀 밤이 물러나고 아침이 밝았습니다. 영원히 멈추지 않을 것 같던 눈도 멈추었어요.

작은 사내와 노인은 머리 위에 소복하게 쌓인 눈을 털어냈어요. 저 멀리 모락모락 연기가 피어오르는 마을이 보였어요.

노인이 작은 사내의 손을 잡고 눈물을 흘리며 말했어요.

"자네가 날 구해 주지 않았다면, 난 이미 죽었을 걸세."

"아니에요. 어르신과 함께 걸어서 덜 추웠던 것 같습니다."

마을에 도착한 두 사람은 슬픈 소식을 듣게 되었어요. 혼자 길을 떠났던 큰 사내가 그만 얼어 죽었다는 거예요.

어떻게 노인을 구한 작은 사내만 살 수 있었을까요? 그것은 두 사람이 함께 따뜻한 체온을 나누며 걸었기 때문이랍니다.

만약 내 코가 석 자, 그러니까 90센티미터나 길어진다고 상상해 보세요. 숨쉬기도 어렵고 누가 볼까 봐 밖에 나갈 수도 없겠지요. 이럴 때 친구가 급한 일이 있어 도와달라고 하면 곤란하겠죠? 하지만 친구의 코가 석 자가 아니라 다섯 자, 여섯 자 빠진 상황이라면 모른 체하지 말고 도와주는 게 어떨까요? 마치 눈 폭풍 속에서 작은 사내가 노인을 구했듯 말이에요.

비슷한 사자성어로 '오비삼척(吾鼻三尺)'이 있어요. '나 오(吾), 코 비(鼻), 석 삼(三), 자 척(尺)'으로 '내 코가 석 자'라는 뜻이지요.

고전 하나 더

세계명작 성냥팔이 소녀

몹시 추운 겨울날, 거리에서 한 소녀가 외쳤어요.

"성냥 사세요. 오래 잘 타는 성냥 사세요."

소녀는 맨발에 얇은 옷차림이었어요. 목소리만큼이나 성냥갑이 담긴 바구니를 든 손이 바들바들 떨렸습니다.

거리는 새해 준비를 하는 사람들로 북적였어요.

하지만 모두들 성냥팔이 소녀를 모른 척했답니다. 발길을 멈추고 소녀를 안타깝게 보며 이렇게 생각하는 사람도 있었어요.

'허허, 내일 먹을 빵도 겨우 살 처지인데 무슨 성냥이야. 내 코가 석 자나 빠졌지.'

결국, 아무도 소녀의 성냥을 사 주지 않았어요.

소녀는 얼어붙은 손을 녹이려고 성냥을 하나 켰어요. 아주 잠시였지만, 소녀는 따뜻한 난롯가에 앉아 있었어요.

다시 성냥을 켜자, 이번엔 먹음직한 음식이 가득 차려진 식당이 보였답니다. 소녀는 너무 놀라서 세 번째 성냥을 켰어요. 소녀는 세상에서 가장 아름다운 크리스마스트리 아래 서 있었어요. 그리고 돌아가신 할머니를 만났답니다.

"할머니, 보고 싶었어요. 다시 함께 살고 싶어요."

할머니는 가여운 소녀를 안고 하늘 높이 날아갔습니다.

다음 날, 사람들은 까맣게 탄 성냥을 쥔 채 얼어 죽은 소녀를 발견했어요. 어젯밤 소녀의 성냥을 사 주며, 따뜻하게 손이라도 잡아 줄 걸 후회했지만, 이미 늦었답니다.

교과서 수록

13 눈에는 눈 이에는 이

나쁜 짓을 한 사람에게 그만큼 돌려준다.

전래동화 뺨 맞은 사또

아주 먼 옛날, 성질이 고약한 사또가 있었어요.

툭하면, 이방의 뺨을 철썩 때리곤 했거든요. 그뿐만이 아니었어요. 괜한 사람들을 잡아다 옥에 가두고 곤장을 때리기도 했어요.

"에휴, 사또가 아니라 웬수야, 웬수."

온 마을 사람들은 사또를 슬슬 피해 다녔어요. 하지만 이방은 그럴 수가 없었어요. 마을을 다스리는 사또의 곁에는 항상 이방이 있어야 하거든요.

그러던 어느 날, 사또가 이방을 불러서 또 뺨을 때리는 게 아니겠어요? 이방도 더는 참을 수 없었어요.

'아무리 사또라도 더 이상 못 참겠다.'

이방은 관아에 심부름을 온 꼬마를 보고, 사또를 혼내 줄 방법을 떠올렸어요.

'사또 네 이놈. 눈에는 눈 이에는 이다. 각오해라.'

이방이 꼬마의 귀에 대고 속닥속닥했어요. 그러자 꼬마가 고개를 끄덕이더니 어디론가 사라졌답니다.

사또가 꾸벅꾸벅 졸고 있었어요. 그때 꼬마가 나타나 사또의 뺨을 철썩 때리고 도망가는 게 아니겠어요? 사또가 불같이 화를 내며 이방을 불렀어요.

"꼬마 놈이 내 뺨을 때렸다. 당장 잡아오너라!"

"사또 나리, 지금 관아에는 사또와 저 뿐인뎁쇼."

"그, 그럴 리가. 내가 꿈을 꾼 건가?"

이방이 물러나자, 꼬마가 다시 나타났어요. 이번에도 사또의 뺨을 철썩철썩 때렸답니다.

"아까 그 꼬마 놈이다. 이번엔 내 뺨을 두 대나 때렸다!"

이방은 웃음을 참으며 아까처럼 대답했지요.

"사또, 어디에도 꼬마가 없습니다."

"그, 그럴 리가 없대도!"

그 후로, 사또가 혼자 있을 때면 꼬마가 나타났어요. 사또가 밥을 먹을 때도, 뒷간에서 똥을 눌 때도 나타나 뺨을 때리고 도망갔죠.

그때마다 이방은 꼬마를 보지 못했다고 말했답니다.

사또는 너무 억울해서 임금께 사실을 고했어요. 그러자 임금께서 이렇게 답을 내렸습니다.

"감히 꼬마가 사또의 뺨을 때릴 리가 있느냐. 사또의 정신이 오락가락하는 것 같으니, 이만 고향으로 돌아가 쉬도록 하라."

결국 사또는 고향으로 내려가 몸져누웠다고 합니다.

'눈에는 눈 이에는 이'는 외국의 속담이기도 해요. 기원전 1700년경, 세계 최초로 법을 정해서 기록한 함무라비 법전에 나와 있거든요. 누군가의 눈을 멀게 하면, 똑같이 눈을 멀게 해야 한다는 무시무시한 내용이 적혀 있었지요. 하지만 누구든 평등하게 보호하겠다는 의미이기도 했답니다. 사또처럼 높은 지위의 사람도 죄를 지으면 꼭 대가를 치러야 하는 것처럼요.

인도의 정신적·정치적 지도자인 마하트마 간디는 '눈에는 눈(식의 보복)을 고집한다면 모든 세상의 눈이 멀게 된다'는 멋진 말을 남겼답니다.

14 달걀로 바위 치기

딱 봐도 상대를 이길 수 없는 상황이다.

역사 황산벌의 전투

고구려, 백제, 신라가 함께하던 삼국 시대가 끝나갈 무렵이었어요.

당나라와 힘을 합친 신라가 고구려를 흔들고, 이젠 백제를 향해 총공격을 펼쳤답니다.

백제에서는 계백이라는 용맹스러운 장군이 출전했어요. 그의 곁에는 목숨을 바쳐 따르는 오천 명의 결사대가 함께했지요.

이렇게 두 나라의 운명을 건 전투가 황산벌에서 시작되었습니다.

먼저, 계백이 적을 막아 내기에 좋은 장소를 차지하고, 네 번의 싸움에서 크게 이겼어요. 그래서 신라군의 사기가 크게 떨어지고 말았답니

다.

그때, 신라군에서 어린 화랑 하나가 말을 타고 적진을 향해 돌진했어요. 이제 열다섯 살이 된 관창이었어요.

관창이 전쟁터에 나온 것은 이번이 처음이었어요. 관창은 신라의 장군인 아버지의 뒤를 잇는 것이 꿈이었어요.

"백제야, 나에게 덤벼라. 관창이 왔다!"

하지만 관창은 백제군이 쳐 놓은 올가미에 걸려 넘어졌어요. 백제군에게 사로잡혀서 계백의 앞으로 끌려가고 말았지요.

"아직 새파랗게 어린 화랑이군. 달걀로 바위 치기가 따로 없도다."

"난 죽음이 두렵지 않다. 어서 목을 베라."

"어린 화랑도 이리 싸우는데, 신라를 이기기 어렵겠구나……."

계백은 나이 어린 관창을 놔 주었어요. 하지만 이대로 물러날 관창이 아니었어요.

'백제군의 깃발을 꼭 빼앗아 오고 말겠어.'

관창은 다시 적군을 향해 돌진을 했어요. 이번에는 계백도 봐줄 수 없었답니다. 결국 관창은 백제군의 칼에 목숨을 잃고 말았어요.

관창의 죽음을 본 신라군이 크게 동요했어요.

"어린 화랑도 저리 싸우는데, 우리는 뭐 하는 것이냐!"

"관창의 복수를 하자!"

"백제군을 향해 돌격하라!"

결국 신라군은 백제군을 크게 이겼답니다. 이 전투로 계백이 목숨을 잃고, 백제 역시 멸망하고 말았습니다.

'달걀로 바위 치기'는 이길 수 없는 상대를 만났을 때 쓰는 속담이에요. 누가 봐도 연약한 달걀이 깨질 게 분명하거든요. 하지만 겉보기에 단단해 보이는 바위도 금이 가고 부서져서 돌멩이가 되고 모래알이 된답니다. 질 것이 뻔할 땐 적당히 상대를 피해 갈 수도 있지만, 때론 이길 수 있다는 용기와 믿음이 바위를 깨뜨릴 수 있답니다. 황산벌의 전투처럼 말이에요.

비슷한 사자성어로 '이란투석(以卵投石)'이 있어요. '써 이(以), 알 란(卵), 던질 투(投), 돌 석(石)'으로 '달걀로 바위를 친다'는 뜻이에요.

고전 하나 더

성경 다윗과 골리앗

베들레헴이라는 마을에 다윗이라는 소년이 살고 있었답니다. 다윗은 양을 돌보는 평범한 아이였어요.

그러던 어느 날, 베들레헴에 골리앗이라는 거인이 쳐들어왔어요.

골리앗은 키만 큰 게 아니라 강철로 된 투구를 쓰고 청동 갑옷을 입고 있었어요. 그리고 키보다 더 큰 창을 들고 싸웠지요. 다윗의 형들은 골리앗과 싸우러 전쟁터로 떠났어요. 하지만 아직 어린 다윗은 마을에 남아 있어야 했어요. 다윗은 형들이 부탁한 물건을 챙겨서 전쟁터로 찾아갔어요. 그때 골리앗의 우렁찬 목소리가 들려왔어요.

"겁쟁이 녀석들, 뜨거운 맛을 보여 줄 테니, 어서 덤벼라!"

아무도 골리앗 앞에 나서지 않았어요. 실제로 골리앗을 보자, 달걀로 바위 치기라고 생각했거든요. 하지만 용감한 다윗이 가죽끈에 돌멩이를 묶어서 들고 대답했어요.

"골리앗, 내가 상대해 주마!"

골리앗은 자신의 앞에 서 있는 조그만 다윗을 내려다보았어요.

"꼬마야, 가서 엄마 젖이나 더 먹고 와라."

"어리다고 얕보지 마라. 자, 받아라!"

다윗이 골리앗의 이마를 향해 가죽끈을 던졌어요. 그러자 돌멩이가 골리앗의 이마를 정통으로 때렸어요.

"으으, 내가 꼬마에게 당하다니……."

골리앗이 이마에서 피를 흘리며 중심을 잃고 쓰러졌어요.

다윗은 이때를 놓치지 않고 칼로 골리앗의 목을 겨누어 승리했답니다.

15

닭 잡아먹고 오리발 내민다

옳지 못한 일을 저질러 놓고
엉뚱한 수작으로 속여 넘기려 한다.

세계명작 북풍을 찾아간 소년

옛날에, 마음씨가 아주 착한 소년이 살았습니다.

소년은 직접 빵을 만들어서 엄마에게 주려고 했어요. 그런데 쌩하니 북풍이 불더니 밀가루를 휙 날려 버리는 게 아니겠어요?

"헉, 마지막으로 남은 밀가루였는데……."

소년은 화가 머리 꼭대기까지 났어요. 그래서 두 팔을 걷어붙이고 씩씩거리며 북풍을 찾아 나섰답니다.

"북풍아, 당장 내 밀가루를 돌려줘!"

나뭇잎이 살짝 흔들릴 정도로 북풍이 잠잠해졌어요. 소년의 말을 듣고 곰곰이 생각하는 것처럼 말이죠.

그러더니, 마술 보자기가 나풀거리며 떨어지는 게 아니겠어요?

소년은 마술 보자기를 들고 기뻐했어요. 그 사이 해가 저물자, 소년은 근처에 있는 여관으로 들어갔어요.

소년이 보자기를 식탁에 펼쳐 놓고 말했답니다.

"마술 보자기야. 맛있는 저녁을 차려 주지 않을래?"

눈을 감았다 뜬 소년이 깜짝 놀랐어요. 식탁 위에는 바삭하게 구운 치킨과 샐러드, 달콤한 아이스크림 말고도 맛있어 보이는 음식이 가득했거든요.

그때, 욕심쟁이 여관 주인이 이 모습을 지켜보며 중얼거렸어요.

"오늘 밤, 저 보자기를 꼭 손에 넣고 말겠다!"

소년이 배불리 저녁을 먹고 잠이 들었어요. 그런데 까치발을 선 그림자 하나가 소년의 방으로 몰래 들어오네요. 툭 튀어나온 배를 보니 여관 주인이 분명해요. 여관 주인은 마술 보자기와 평범한 보자기를 바꿔치기했답니다.

다음 날, 집으로 온 소년이 평범한 보자기를 식탁에 펼쳐 놓고 말했어요.

"보자기야, 보자기야. 맛있는 아침을 차려 줄래?"

하지만 식탁은 텅 비어 있었어요. 소년은 다시 북풍을 찾아갔어요. 엉터리 보자기를 줬다고 따질 작정이었죠.

그런데 이번에는 북풍이 황금 양을 주는 게 아니겠어요? 양은 "메에.” 하고 울 때마다 황금을 뱉어 냈어요. 소년은 기뻐서 양을 데리고 여관으로 갔어요.

“저 꼬마는 올 때마다 보물을 가져오는구나. 이번에도 내가 꿀꺽해야지.”

소년이 잠이 들자 여관 주인은 몰래 황금 양을 훔쳤어요.

다음 날, 소년은 황금 양이 사라진 걸 알고 슬펐어요. 그래서 여관 주인에게 물었답니다.

“아저씨, 혹시 제 황금 양을 못 보셨나요?”

“흠흠, 난 절대 모른다. 모르고말고!”

그때 여관 주인의 방에서 “메에.” 하더니 “땡그랑, 땡그랑.” 하는 소리가 들렸어요. 황금 양이 울자, 황금이 떨어지는 소리 같았어요.

“아저씨 방에서 황금 양이 우는 것 같은데요?”

“저건 병든 아내가 기침하며 동전을 세는 소리다.”

소년은 여관 주인이 닭 잡아먹고 오리발 내민다고, 생각했어요.

“이제 날이 밝았으니 어서 나가거라!”

소년은 여관에서 쫓겨나고 말았답니다. 그때 풀이 죽은 소년의 머리카락을 흔들며 북풍이 불어왔어요.

북풍은 툭 하고 마술 방망이를 던져 주고 가 버렸답니다. 소년은 마술 방망이를 들고 다시 여관으로 들어갔어요.

“아, 글쎄 난 황금 양을 본 적도 없다니…….”

말이 끝나기도 전에 마술 방망이가 여관 주인의 머리를 때리기 시작했어요. 여관 주인의 머리에 버섯처럼 혹이 솟아올랐어요.

"아이고, 그만 때려. 제발. 내가 잘못했어!"

"아저씨가 뭘 잘못하셨는데요?"

"너의 마술 보자기랑 황금 양을 훔쳐갔다. 돌려줄 테니 그만 때려라."

욕심쟁이 여관 주인이 엉엉 울며 소년에게 빌고 또 빌었어요.

이렇게 소년은 마술 보자기와 황금 양을 되찾아서 집으로 돌아갔답니다.

열심히 닭을 길렀는데, 누군가가 허락도 없이 잡아먹으면, 엄청 화가 나겠죠? 범인을 잡았는데 엉뚱하게 오리발을 내밀며, "난 닭이 아니라 오리를 잡아먹었다고!" 하고 우기면 정말 황당하지요. 이런 경우에 '닭 잡아먹고 오리발 내민다'고 한답니다.

16 도토리 키 재기

실력이 비슷한 사람끼리 서로 다툰다.

전래동화 아씨방의 일곱 동무

밤새 바느질을 하던 아씨가 꾸벅꾸벅 졸기 시작했어요.

"쉿, 아씨가 주무신다!"

"야호! 우리도 이제 좀 쉴까?"

아씨가 바느질을 할 때 도와주었던 동무들이 속삭였어요.

자, 바늘, 실, 가위, 골무, 인두, 다리미, 이렇게 일곱 동무랍니다.

자가 길게 기지개를 펴자, 뾰족한 바늘이 제 허리에 꿰인 실을 풀어 냈어요. 바늘에 찔려 온몸이 따끔거렸던 골무도 눈을 떴고요. 인두와 다리미는 뜨거운 한숨을 푹푹 내쉬며 열을 식혔답니다.

"그래도 이 바늘 덕에 금방 끝난 줄 알아."

바늘이 도도한 표정으로 말했어요. 그러자 실이 팽팽하게 매듭을 지으며 대답했어요.

"아무리 바늘이라도 실이 없으면 아무 소용없는걸?"

자가 어이없다는 듯 웃음을 터뜨리며 말했어요.

"요것들 보게. 처음부터 내가 옷감의 길이를 재지 않았다면 너넨 시작도 못 했……."

가위가 입을 싹둑거리며 자의 말을 잘라먹으며 말했어요.

"네가 길이를 재면 뭐 하냐? 이 가위님이 있어야 자를 수 있지!"

얼굴이 붉게 달아오른 인두와 다리미도 가만히 있지 않았어요.

"허참, 마지막에 반듯하게 옷을 다려야 끝나는 법이다."

아씨의 손끝에 끼워져 있던 골무도 입을 열려고 했어요. 그런데 아씨가 깨어났지 뭐예요.

"도토리 키 재기가 따로 없구나. 내가 너희를 찾지 않으면 모두 쓸모가 없으면서……. 난 더 잘 테니 조용히 해!"

일곱 동무는 풀이 죽었어요. 섭섭한 마음에 눈물을 흘리며 모두 반짇고리로 기어들었답니다.

다시 잠이 든 아씨는 이상한 꿈을 꾸었어요. 일곱 동무가 슬퍼하며 집을 떠나는 거예요. 서둘러 뒤쫓아 가보았지만, 찾을 수가 없었어요. 아씨의 눈에서 눈물이 펑펑 쏟아졌답니다.

아씨가 눈을 떠서 반짇고리를 열어 보았어요. 일곱 동무들이 차곡차곡 누워서 새근새근 잠들어 있는 게 아니겠어요?

"아까 소리 질러서 미안해. 너희 중 하나라도 없으면 난 아무것도 못할 거야."

아씨의 목소리에 깬 일곱 동무가 다시 바느질을 시작했어요. 모두 힘을 합쳐 아주 멋진 옷을 완성했답니다.

도토리는 나무의 동그랗고 조그만 열매예요. 한눈에 보아도 크기가 고만고만해서 키를 잴 것도 없답니다. 도토리들처럼 실력이 비슷한 일곱 동무가 서로 잘났다고 싸우네요. 만약 누구 하나 빠질 것 없이 비슷한 실력을 가졌다면, 서로 힘을 합쳐 보는 건 어떨까요? 아씨와 일곱 동무들이 멋진 옷을 완성한 것처럼 말이에요.

'난쟁이끼리 키 자랑하기'로 바꿔 쓸 수 있어요.

고전 깊이 읽기

누가 지었는지 모르는, 〈규중칠우쟁론기〉

〈아씨방의 일곱 동무〉의 원작은 〈규중칠우쟁론기〉로 조선 시대에 쓰였어요. 옛날엔, 남자들만 글을 깨우치고 관직에 나가서 나라를 다스리고, 대부분의 여자들은 글을 몰랐어요. 하지만 양반 계급의 여자들은 글을 알아서, 시를 짓거나 자신들의 삶을 소설로 쓰곤 했는데, 이를 '규중 문학'이라고 한답니다. 〈규중칠우쟁론기〉도 바느질을 하던 어떤 부인이 자신의 상황을 재미있게 상상해서 쓴 소설이라고 해요. 다만, 그 부인의 이름은 전해지지 않는다고 합니다.

조선의 유명한 여성 작가들

- **허난설헌**

〈홍길동전〉을 쓴 허균의 누나로, 어릴 적부터 시를 아주 잘 지었다고 해요. 방 한 칸을 채울 만큼 많은 시를 남겼지만, 27살이라는 젊은 나이에 죽고 말았습니다. 훗날, 허균이 명나라 사신에게 허난설헌의 시를 보여 주었는데, 모두 그녀를 천재라고 칭찬하며 감탄했다고 해요.

- **혜경궁 홍 씨**

조선의 22대 임금 정조의 어머니예요. 남편인 사도세자가 뒤주에 갇혀 죽는 것을 지켜볼 수밖에 없었던 참담한 심경을 〈한중록〉이라는 소설로 남겼어요. 또한 아들 정조가 무사히 왕위에 오를 수 있도록 곁에서 지키며 느꼈던 정치적 상황과 어머니의 마음도 잘 녹아 있다고 합니다.

17 돌다리도 두들겨 보고 건너라

잘 아는 일도 신중히 한다.

역사 우물가의 지혜로운 여인

젊은 장군 하나가 말을 타고 마을로 들어왔어요.

화려한 갑옷은 흙먼지로 뒤덮였고, 입술은 바싹 말라 있었지요.

"목이 마르구나. 너 역시 그렇겠지?"

장군이 다정하게 말의 목덜미를 쓰다듬으며 말했어요. 저 멀리 우물이 보이자 힘이 난 장군은 말고삐를 당기며, "이랴!" 하고 외쳤습니다.

과연, 버드나무가 길고 푸른 가지를 늘어뜨린 그늘 아래로 우물이 있었어요. 아름다운 여인이 우물에서 물을 긷고 있었답니다.

장군이 말에서 내려서 우물로 다가갔어요.

"물 한 바가지만 부탁드려도 되겠습니까?"

여인은 부끄러운 듯 얼굴을 붉혔어요. 하지만 장군의 눈길을 피하지 않고 똑바로 쳐다보았어요. 떡 벌어진 어깨에 커다란 키, 맑고 따뜻한 눈빛을 한 장군이 여인 앞에 서 있었답니다.

여인이 바가지에 물을 떴어요. 그리고 늘어진 버드나무 잎사귀를 한 움큼 따서, 물 위에 띄웠답니다.

"여기 있습니다."

여인이 장군에게 바가지를 건넸어요. 목이 마른 장군이 서둘러 바가지에 입을 댔어요. 하지만 버드나무 잎 때문에 빨리 물을 마실 수 없었답니다.

물을 다 마신 장군이 여인에게 바가지를 건네며 물었어요.

"버드나무 잎을 띄우신 이유가 무엇입니까?"

"돌다리도 두들겨 보고 건너라 했습니다. 물도 급하게 먹으면 체하니 천천히 드시라고 잎을 띄웠습니다."

그제야 장군은 여인의 깊은 뜻을 깨달았어요.

'참으로 속이 깊은 여인이구나. 내 아내가 되어 주면 얼마나 좋을까.'

장군은 자신도 모르게 여인에게 반하고 말았답니다.

이 젊은 장군은 먼 훗날, 고려를 세운 태조 왕건이 되었어요. 그리고 우물가의 여인은 왕비가 되어, 왕건의 곁을 든든하게 지켜 주었답니다.

예전에는 물이 흐르는 시내에 커다란 바윗돌을 놓아 건널 수 있게 했어요. 이를 징검다리 또는 돌다리라고도 해요. 돌다리를 건널 때 혹시나 하는 마음에 두드려 보라는 것은 그만큼 신중하고 조심하라는 말이랍니다.

'아는 길도 물어 가랬다', '얕은 내도 깊게 건너라'로 바꿔 쓸 수 있어요.

고전 깊이 읽기

후삼국 시대와 영웅들

고구려와 백제를 꺾고 한반도를 통일했던 신라가 무너지기 시작했어요. 궁예가 후고구려를, 견훤은 후백제를 세웠거든요. 이 시기를 후삼국 시대라고 합니다.

후고구려의 궁예 곁에는 왕건이라는 뛰어난 장군이 있었어요. 인품도 좋다 보니, 왕건을 따르는 사람들이 많았답니다. 또한 후고구려 땅의 절반은 왕건이 싸워서 얻은 것이나 다름이 없었거든요.

그런데 어느 날부터 궁예는 스스로를 미륵불이라 부르며 사람들을 괴롭히기 시작했어요. 그리고 세력이 커진 귀족과 장수들을 마구 처형했답니다. 왕건 역시 궁예의 명령으로 죽을 뻔했지만 겨우 살아나게 되었어요.

왕건, 새로운 나라 고려를 세우다

궁예의 공포 정치가 계속되었어요. 그러자 왕건을 따르던 사람들이 궁예를 내쫓고 새로운 나라를 세우자고 합니다. 하지만 왕건은 충성을 맹세했던 궁예를 배신하기 힘들었어요. 그러자 우물가에서 만나 혼인을 한 부인 유 씨가 왕건에게 직접 갑옷을 입혀 주며 말했어요.

"의로운 군사를 일으켜 포악한 왕을 내쫓는 것은 옛날부터 있었던 일입니다. 서둘러 출정하셔서 새로운 나라를 세우세요."

부인의 말에 용기를 얻은 왕건은 군사를 이끌고 가서 궁예를 몰아내고 고려를 건국했어요. 그 후 고려는 후백제와 신라를 차례로 무너뜨리고, 한반도의 주인이 되었습니다.

교과서 수록

18 동에 번쩍 서에 번쩍

종적을 따라잡을 수 없을 정도로 왔다 갔다 한다.

전래동화 호랑이 배 속에 갇힌 사람들

늦은 밤, 한양에 사는 소금 장수가 지게에 소금을 지고 걷고 있었어요.

"어느새 이리 깜깜해졌는고."

그때 저 앞에 시커먼 동굴이 보였어요. 동굴이 점점 커지더니 "어흥!" 하며 소금 장수에게 달려들지 않겠어요?

"어이쿠! 동굴이 날 삼키네. 이게 무슨 일이지?"

소금 장수가 정신을 차리고 보니, 호랑이 배 속에 들어와 있었어요. 얼마나 큰 호랑이인지, 호랑이 배 속에 서 있어도 될 정도였답니다.

"호랑이에게 잡아먹히다니, 난 이제 죽었구나."

소금 장수는 주저앉아 꺼이꺼이 울었어요.

그때 호랑이 배 속으로 강원도에 사는 기름 장수가 굴러 들어오는 게 아니겠어요? 호랑이가 눈 깜짝할 사이에 한양에서 강원도로 건너온 거예요.

"누, 누구시래요? 여기가 어디요?"

"믿기 어렵겠지만, 여긴 호랑이 배 속이라네."

잠시 후, 충청도에 사는 대장장이도 굴러 들어왔어요. 한양에서 강원도, 이제는 충청도까지, 정말 동에 번쩍 서에 번쩍하는 호랑이예요.

"내 지금 호랑이에게 먹힌 거유?"

세 사람은 얼싸안고 울었어요. 한참을 울고 나니 배가 고팠어요.

"죽을 때 죽더라도, 배가 고프니 뭐라도 먹어야겠어유."

대장장이가 칼을 꺼내서 호랑이 배 속을 잘라냈어요. 소금 장수가 호랑이 고기에 소금을 치자 기름 장수는 기름에 불을 붙였답니다.

세 사람은 호랑이 고기를 지글지글 구워서 먹었어요. 그리고 부

른 배를 두드리며 잠에 빠져들었답니다.

한편, 호랑이는 배가 너무 아팠어요. 세 사람이 배 속을 잘라서 구워 먹었기 때문이에요. 결국 호랑이는 남해에서 쓰러지고 말았답니다.

남해 사람들은 깜짝 놀랐어요. 이렇게 커다란 호랑이가 죽어 있는 것은 처음 보았거든요. 그리고 호랑이 배 속에서 들려오는 소리를 듣고 더 놀랐어요.

"살려 주세요. 이 안에 사람이 있습니다!"

결국, 세 사람은 무사히 호랑이 밖으로 나올 수 있었습니다.

나침반으로 동서남북 이렇게 네 방향을 찾을 수 있어요. 동쪽과 서쪽은 서로 반대 방향에 있지요. 그런데 '번쩍' 하고 번개가 치듯 재빠르게 동쪽에서 서쪽으로 순식간에 이동하려면 초능력이 있어야겠죠? 마치 하룻밤 사이에 전국을 뛰어다닌 호랑이처럼, 먼 거리를 빠르게 돌아다니는 모습을 '동에 번쩍 서에 번쩍' 한다고 해요.

비슷한 사자성어로 '동분서주(東奔西走)'가 있어요. '동녘 동(東), 달릴 분(奔), 서녘 서(西), 달릴 주(走)'로, '동쪽에서 뛰고 서쪽으로 뛴다'는 뜻이에요.

고전 하나 더

역사 저승에서도 이긴 제갈공명

밤하늘에 떠 있던 커다란 별이 주춤주춤 흔들리더니, 땅으로 뚝 떨어졌어요.

그러자, 촉나라가 울음바다가 되었어요. 촉나라의 최고 책략가, 제갈공명이 죽었거든요. 제갈공명은 하늘에 기도를 드려서 바람의 방향을 바꿀 정도로 책략에 능했기 때문에 다른 나라들은 촉나라를 두려워했습니다.

제갈공명이 죽었다는 소식에, 위나라의 사마의가 대군을 이끌고 쳐들어 왔어요.

그런데 산모퉁이를 지나자, 촉나라 병사들이 소리를 지르며 쏟아져 나왔어요. 그리고 죽은 줄 알았던, 제갈공명이 수레에 앉아 부채를 흔들고 있는 게 아니겠어요?

"제갈공명이 죽은 게 아니었단 말이냐?"

놀란 사마의가 말머리를 돌렸어요. 겨우 산모퉁이를 돌자, 제갈공명이 또 나타났어요. 다시 한참을 달아나자, 제갈공명이 길을 가로막으며 부채를 흔들고 있었어요. 사마의가 가는 곳마다 어찌 알았는지 제갈공명이 나타났습니다.

"어허! 동에 번쩍 서에 번쩍이구나. 또 제갈공명의 계책에 속았다!"

사마의는 서둘러 위나라로 돌아가서 두 달 간 꼼짝도 하지 않았어요.

"사마의 장군, 두 달 전에 제갈공명이 죽었다고 합니다."

"뭐라고? 너도 그때 수레에 탄 제갈공명을 보지 않았더냐?"

"제갈공명이 죽기 전에 위나라가 쳐들어 올 테니, 나무를 깎아서 자신과 똑같이 생긴 사람을 만들어 수레에 앉히라 했답니다."

"아아, 죽은 제갈공명이 살아있는 나를 도망가게 했구나."

사마의는 제갈공명의 지혜에 다시 한 번 탄복했다고 해요.

19 되로 주고 말로 받는다

조금 주고 그 대가로 몇 곱절을 받는다.

전래동화 늑대의 간

어느 날, 동물의 왕 호랑이가 시름시름 앓더니 드러눕고 말았어요. 그러자 숲속 동물들이 병문안을 하러 호랑이를 찾아왔습니다.

"호랑이님, 천 년 묵은 산삼을 드시고 힘내세요."

곰이 자신이 아끼던 산삼을 선물로 가져왔어요.

"저는 제 뿔을 드리겠습니다."

사슴은 자신의 뿔을 잘라서 바쳤고요.

이제 늑대 차례가 되었어요. 늑대는 병문안을 온 동물들 중에 여우가 없다는 것을 알았어요. 전부터 여우와 사이가 안 좋았는데, 이번 기회에 여우를 혼내 주기로 했어요.

"호랑이님, 여우만 쏙 빼놓고 다들 병문안을 왔네요."

"그래? 지금 여우는 어디에 있다고 하더냐?"

"그, 그것이 사실은 호랑이님이 돌아가시면 자신이 왕이 되겠다고 떠들고 다니느라 바쁜가 봅니다."

"뭐, 뭐라고? 괘씸한 놈. 당장 여우를 잡아 와라. 혼내 줘야겠다!"

"후후, 제가 당장 여우를 잡아 오겠습니다."

늑대가 신이 나서 여우를 잡으러 호랑이 굴을 빠져나갔어요. 하지만 여우는 호랑이 굴 근처의 덤불에 숨어 있었어요. 병문안을 왔다가 늑대가 호랑이에게 하는 말을 다 들었거든요.

'늑대 네 이놈, 가만히 있는 나를 건드렸다 이거지?'

여우는 당당히 호랑이 굴로 들어갔어요. 화가 난 호랑이가 자리에서 벌떡 일어나자 여우가 웃으며 말했어요.

"늦어서 죄송합니다. 제가 호랑이님께 바칠 약을 구하러 먼 중국까지 다녀왔거든요."

"중국까지? 그렇다면 약은 구해 왔느냐?"

"네. 중국의 용한 의원이 호랑이님을 위한 명약을 알려 주었습니다."

"그래. 그 명약이 무엇이더냐?"

호랑이와 굴 안의 모든 동물들이 여우의 입만 쳐다보았어요. 여우가 한참 뜸을 들이더니 입을 열었답니다.

"그것은 바로 늑대의 간입니다!"

어
흥

"오호, 이제야 내 병을 고칠 약을 알았다. 여우에게 큰 상을 내려야겠구나!"

그때 아무것도 모르는 늑대가 호랑이 굴로 들어왔어요.

"어흥! 늑대야, 너를 기다리고 있었다!"

되로 주고 말로 받는다고, 늑대는 호랑이가 여우가 아닌 자신에게 달려드는 것을 보고 깜짝 놀랐어요. 하지만 이미 늦었죠.

호랑이는 그 자리에서 늑대를 죽여서 간을 꺼내 먹었답니다.

'되'는 우리 조상들이 곡식을 팔 때 그 양을 재던 조그만 나무 그릇이에요. '말'은 '되'의 열 배 크기이고요. 늑대가 여우를 곤경에 빠뜨리려고 없는 이야기를 꾸며 내서 호랑이를 화나게 했어요. 하지만 호랑이에게 잡아먹힌 건 바로 늑대였답니다. 이처럼 남을 해코지했다가 도리어 더 크게 당하는 경우를 '되로 주고 말로 받는다'고 해요.

'한 되 주고 한 섬 받는다'로 바꿔 쓸 수 있어요. '섬' 또한 곡식의 양을 재는 단위로, '말'의 열 배 크기랍니다.

20 똥 누러 갈 적 마음 다르고 올 적 마음 다르다

자기가 급할 땐 사정하며 매달리다가
해결되면 모른 체한다.

세계명작 피리 부는 사나이

독일에 있는 도시 하멜른에는 골칫거리가 하나 있었어요.

"쥐가 오늘 저녁에 먹을 치즈를 몽땅 갉아먹었어요."

"어젠 밤새 쥐 떼가 지붕을 뛰어다니는 통에 한숨도 못 잤다네."

"아니 글쎄, 쥐가 우리 애를 물었다고요!"

도시에 엄청난 쥐 떼가 들끓기 시작했거든요. 그 많은 쥐 떼가 어디서 왔는지, 심각할 정도였어요.

그때, 피리 부는 사나이가 나타났어요. 키도 크고 늘씬한 몸에 신비로운 눈빛을 하고 있었답니다. 특히 피리를 항상 들고 다녔는데, 연주한 적은 한 번도 없었어요.

사나이는 시민들이 쥐 떼로 고생한다는 사실을 알고 시장에게 말했어요.

"제가 이 도시의 쥐 떼를 몽땅 몰아내 드리죠."

시장이 놀라서 눈을 동그랗게 뜨고, 사나이를 쳐다보았어요. 그동안

이놈의 쥐 때문에 시장의 체면이 말도 아니었거든요.

"대신 금화 천 냥을 주십시오."

"쥐 떼만 없애 주면 천 냥이 아니라 삼천, 오천 냥도 주지. 당장 없애 주게!"

사나이가 거리로 나와서 처음으로 피리를 불기 시작했어요.

신 나는 피리 소리를 듣자 도시의 쥐 떼가 모두 기어 나와 사나이를 따르는 게 아니겠어요? 사나이는 피리 소리에 취한 쥐 떼를 이끌고 도시 밖으로 나갔어요. 그리고 강물로 걸어 들어가 쥐 떼를 모두 물에 빠뜨려 없앴답니다.

"쥐 떼를 없앴으니 약속대로 금화 천 냥을 주십시오."

"흠, 천 냥은 너무 큰돈이라 당장 구하긴 어려울 것 같네……."

똥 누러 갈 적 마음 다르고 올 적 마음 다르다고 시장은 쥐 떼를 없애고 나니, 마음이 달라졌어요.

시장의 태도에 사나이는 화가 났어요. 사나이가 다시 피리를 불자, 이번엔 도시의 아이들이 모두 나와서 사나이의 뒤를 따랐어요.

피리 부는 사나이는 아이들을 데리고 도시를 떠났어요. 그리고 다시는 돌아오지 않았습니다.

볼일이 급한데, 누군가 화장실 열쇠를 가지고 있다면 어떨까요? 일단은 무슨 말이든 다 들어줄 테니, 열쇠를 달라고 할 거예요. 하지만 아무리 급해도, 애초에 지키지 못할 약속은 하지 않는 게 좋아요. 하멜른의 아이들이 모두 사라진 것처럼, 나중에 대가를 치러야 할지도 모르거든요.

고전 하나 더

신화 하늘을 받치고 있는 아틀라스

그리스의 헤라클레스가 황금 사과를 찾아 길을 떠났을 적 이야기예요.

"요정 헤스페리데스의 정원에 황금 사과가 있다고 들었는데……."

헤라클레스는 요정들의 아버지 아틀라스를 찾아갔어요. 하지만 아틀라스는 두 어깨로 하늘을 떠받치는 벌을 받고 있었답니다.

"아틀라스 님, 저는 황금 사과를 찾으러 가는 길입니다."

"흠, 황금 사과가 어디에 있는지 알지. 하지만 잠들지 않는 용이 지키고 있는걸."

용이라는 말에 헤라클레스는 조금 긴장했어요. 그때 아틀라스가 다시 말했어요.

"잠시 이 하늘을 들어 주면, 내가 황금 사과를 따다 주겠네."

"정말이요? 그렇다면 저에게 하늘을 넘기십시오."

아틀라스는 헤라클레스에게 하늘을 넘겨주었어요. 힘이 엄청나게 센 헤라클레스는 하늘을 가뿐히 들었답니다.

아틀라스는 순식간에 가서 황금 사과를 따 왔어요. 하지만 똥 누러 갈 적 마음 다르고 올 적 마음 다르다고, 다시 하늘을 떠받칠 생각을 하니 마음이 달라졌어요.

"미안하지만, 자네가 계속 하늘을 들고 있게. 다시는 그 일을 하고 싶지 않거든."

헤라클레스는 이대로 평생 하늘을 들 순 없었어요. 그래서 꾀를 내어 말했죠.

"그럼 가죽 수건을 어깨에 댈 수 있도록 잠깐만 하늘을 들어 주세요."

"좋네. 그 정도는 해 줄 수 있지."

아틀라스가 하늘을 다시 받아 들자, 헤라클레스는 재빨리 황금 사과를 들고 도망쳤어요. 결국 아틀라스는 계속 하늘을 들고 있어야 했습니다.

21 말이 씨가 된다

늘 말하던 것이 마침내 사실대로 된다.

전래동화 돌부처의 피눈물

쏴아, 쏴아, 파도 소리가 들리는 작은 바닷가 마을에 젊은 과부가 살았어요.

똑똑, 똑똑, 문 밖에서 목탁 소리가 들렸어요. 과부가 쌀 한 줌을 가지고 나와 스님의 시주 주머니에 넣으며 말했어요.

"아이고, 스님. 제가 가진 것이 이것뿐이네요."

"온 마을을 돌았는데, 아무도 내다보지 않았습니다. 이것만으로도 감사합니다. 나무아미타불."

스님의 말에 과부의 얼굴이 붉어졌어요. 그러자 스님이 입을 열었어요.

"마을 입구에 있는 돌부처가 피눈물을 흘리면, 산꼭대기로 피하십시오."

"피, 피눈물이라니요?"

"사람들에게도 알려주십시오. 그럼."

스님은 다시 목탁을 두드리며 길을 떠났어요. 과부는 스님의 당부를 마음에 새기고 또 새겼답니다.

그 후로 과부는 마을 사람들을 만나면 꼭 스님의 말을 전했어요.

"돌부처가 피눈물을 흘리면 산꼭대기로 올라가세요."

"어허, 아침밥을 잘못 잡쉈나? 무슨 헛소리요?"

"살아 있지도 않은 돌부처가 피눈물은커녕 눈물도 흘릴 리가 없지!"

사람들은 남편을 잃고 가난하게 사는 과부의 말을 무시했어요. 동네 청년들까지 콧방귀를 뀌었답니다.

"우리 그 아줌마를 골려 줄까?"

"어떻게? 좋은 생각이 있어?"

"우리가 돼지를 잡아서 그 피를 돌부처 눈에 바르는 거야. 어때?"

동네 청년들은 돌부처의 눈에 돼지의 피를 발랐어요. 다음 날 깜짝 놀라서 뒤로 넘어갈 과부를 생각하니 웃음을 멈출 수 없었지요.

아침이 밝았어요. 아니나 다를까, 돌부처를 본 과부는 다리에 힘이 풀려 털썩 주저앉고 말았답니다.

"아이고, 돌부처가 피눈물을 흘려요! 모두들 산꼭대기로 올라가세

요!"

과부가 동네방네 소리를 지르며 산꼭대기로 올라갔어요. 하지만 아무도 과부의 말을 듣지 않았어요.

말이 씨가 된다고, 스님의 당부가 딱 들어맞기 시작했어요. 집채만 한 파도가 마을을 덮치더니 쑥대밭으로 만들지 않았겠어요?

결국, 스님의 말대로 몸을 피한 과부 혼자 살아남았답니다.

우리 조상들이 남긴 속담 중에는 유독 말을 주제로 한 것이 많아요. 말 한마디로 천 냥 빚도 갚고, 발 없는 말이 천 리도 가지요? 그만큼 말 한마디도 무겁게 여기고, 신중하게 옮겨야 해요. '말이 씨가 된다'도 비슷한 의미예요. 무심코 넘긴 말이 씨가 되어 싹을 틔우고 열매를 맺듯, 스님의 당부가 현실이 되었답니다. 만약 마을 사람들이 과부의 말을 믿었다면, 모두 목숨을 구했을 거예요.

22 모르면 약이요 아는 게 병

교과서 수록

차라리 모르면 마음이 편하지만
알게 되면 걱정거리가 많아 해롭다.

세계명작 마지막 잎새

미국 뉴욕의 그리니치 빌리지에는 가난한 예술가들이 모여 살았어요.

존시와 수, 이 둘은 같이 작업실을 얻어 그림을 그렸답니다.

추운 11월인 어느 날, 존시가 폐렴에 걸려 앓아눕고 말았어요.

"아무래도 올겨울을 넘기기 어려울 것 같소."

의사의 말에 수는 너무 슬펐어요. 문제는 존시가 병을 이기겠다는 의지가 전혀 없다는 데 있었어요.

"날 그만 내버려 둬. 창밖에 담쟁이넝쿨의 잎이 모두 떨어지면 나도 죽게 될 거야!"

존시가 모든 것을 포기한 사람처럼 중얼거렸어요. 수는 존시의 마음을 돌리고 싶었어요. 하지만 존시는 창밖만 멍하니 바라볼 뿐이었어요.

수는 아래층에 사는 베어만 씨에게 존시의 이야기를 들려주었어요.

"어허, 담쟁이넝쿨과 자신의 병이 무슨 상관이라고……."

"그러게요. 이대로 존시가 죽을까 너무 걱정돼요."

수는 베어만 씨와 함께 이층으로 올라왔어요.

그런데 창밖으로 세차게 바람이 불며 비가 오는 게 아니겠어요?

수는 존시가 볼까 봐 깜짝 놀라서 커튼을 쳤어요.

'이런 날씨면 밤새 담쟁이넝쿨의 잎이 모두 떨어지고 말 거야.'

수는 마음속으로 잎이 모두 떨어지지 않길 빌고 또 빌었습니다. 하지만 기도를 하면서도 알고 있었어요. 그것은 불가능한 일이라고요.

아침이 밝았어요. 존시가 옆에서 잠든 수를 흔들어 깨웠어요.

"수, 커튼을 열어 줘. 담쟁이넝쿨이 보고 싶어."

수가 머뭇거리며 커튼을 열었어요. 그러자 존시가 활짝 웃으며 말했어요.

"수! 저길 봐. 밤새 그렇게 바람이 불었는데도 잎 하나가 남아 있어!"

"그러게. 어떻게 잎이 붙어 있을 수 있지?"

"이건 기적이야. 수, 당장 수프를 가져다 줘. 나도 저 마지막 잎새처럼 힘을 내서 병을 이겨 낼래."

존시는 몸을 일으켜 수가 가져온 수프를 먹기 시작했습니다.

수는 존시가 일어났다는 기쁜 소식을 전하려고 베어만 씨를 찾아갔어

요. 하지만 뜻밖의 소식이 기다리고 있었어요.

어젯밤, 베어만 씨가 차가운 비를 맞으며 담쟁이넝쿨이 있는 벽에 잎을 그리다 폐렴에 걸렸다는 거예요. 결국 베어만 씨는 오래 견디지 못하고 세상을 떠나고 말았답니다. 그러니까, 존시가 보고 좋아했던 그 잎은 사실 베어만 씨가 그린 것이었어요.

"모르면 약이요 아는 게 병이야. 존시가 이 사실을 알면 다시 삶을 포기할지도 몰라."

결국 수는 존시에게 베어만 씨의 이야기를 전할 수 없었답니다.

존시는 마지막 잎새를 보고 희망을 얻어 병을 이겨 냈어요. 그런데 베어만 씨가 그린 가짜 잎이라는 것을 알게 되면 어떻게 될까요? 살면서 굳이 알 필요가 없는 사실들이 있어요. 존시의 경우는 다시 삶을 포기하거나 자신이 베어만 씨를 죽게 만들었다고 죄책감에 시달릴 테니 말이에요. 이런 상황을 '모르면 약이요 아는 게 병'이라고 해요.

'모르는 게 부처'로 바꿔 쓸 수 있어요.

비슷한 뜻의 한자성어에는 '식자우환(識字憂患)'이 있어요. '알 식(識), 글자 자(字), 근심 우(憂), 근심 환(患)'으로 글자를 아는 것이 오히려 근심이 된다는 뜻이지요.

반대의 뜻을 가진 격언에는 '아는 게 힘'이 있어요.

23 못된 송아지 엉덩이에 뿔이 난다

미운 짓을 하는 사람이 계속 엇나가는 일만 한다.

세계명작 빵을 밟은 소녀

아주 먼 옛날, 자기만 아는 소녀가 살았어요.

부모님이 사랑을 듬뿍 주며 키워 주어도, 소녀는 감사할 줄 몰랐답니다.

세월이 흘러, 소녀는 큰 도시에 있는 남의 집에 하녀로 가게 되었어요.

"가서 집주인 말씀 잘 듣고, 바르게 행동하렴."

"에이 참, 내가 알아서 한다고요."

부모님은 소녀가 걱정되었어요. 하지만 소녀는 큰 도시로 가게 되어 너무 기뻤답니다.

'우리 집은 시골인 데다, 너무 좁고 지저분해. 빨리 큰 도시로 가고 싶어!'

다행히 주인집 아주머니는 좋은 분이었어요. 소녀를 자신의 딸과 똑같이 대해 주며 좋은 옷과 맛있는 것을 주었답니다. 하지만 소녀는 감사한 마음은 없고, 도리어 우쭐했어요.

'호호, 난 정말 운이 너무 좋은가 봐.'

그렇게 몇 달이 흐르자, 주인집 아주머니가 소녀에게 말했어요.

"며칠 집에 다녀오는 게 어떻겠니? 네 부모님이 많이 보고 싶어 하실 것 같구나."

"좀 귀찮지만, 다녀오죠 뭐."

사실 소녀는 집에 갈 마음이 손톱만큼도 없었어요. 하지만 집에 가서 달라진 자기 모습을 모두에게 자랑하고 싶었거든요.

'다들 나를 보면 부러워할 거야. 이런 옷은 구경도 못 했을걸?'

소녀는 주인집 아주머니가 준 하얀 빵이 든 바구니를 들고 집으로 향했어요.

그런데 집으로 가는 오솔길이 온통 진흙탕이었어요. 소녀는 새 구두가 더러워지는 것이 너무 싫었답니다.

"왜 이렇게 길이 더럽고 난리야. 짜증 나!"

소녀가 바구니에 있던 하얀 빵을 진흙탕에 집어던졌어요. 그리고 그 빵을 밟고 한걸음 한걸음 걷기 시작했답니다. 부모님께 드릴 빵이라는

것도 잊고 말이죠.

그때 하얀 빵이 푹 꺼지더니 소녀의 몸이 진흙 안으로 빨려 들어갔어요.

"으악, 사, 살려 줘요!"

글쎄, 진흙탕 아래에는 마녀의 오두막이 있었어요. 마녀는 소녀를 보더니 깔깔 웃으며 말했어요.

"못된 송아지 엉덩이에 뿔이 난다고, 귀한 빵을 밟고 지나가다니, 너 아주 못된 아이로구나!"

마녀는 소녀를 지옥으로 보냈어요. 거기서 소녀는 지옥을 떠받치는 기둥이 되고 말았답니다.

미운 짓만 골라서 하던 송아지, 머리에 나야 할 뿔이 엉덩이에 났다고 하네요. 엉덩이에 뿔까지 나면 얼마나 보기 싫을까요? 소녀가 부모님께 드릴 빵을 밟고 지나가는 모습이 꼭 '못된 송아지 엉덩이에 뿔이 난 것'처럼 미워 보여요. 지옥으로 떨어진 소녀는 뒤늦게 잘못을 뉘우쳤지만 소용이 없었어요. 결국 눈물겨운 부모님의 기도 덕분에 소녀는 다시 세상으로 돌아올 수 있었답니다.

24 물이 너무 맑으면 고기가 없다

사람이 지나치게 결백하면 주변에 사람이 없다.

역사 초나라의 굴원

중국의 초나라에 굴원이라는 사람이 살았어요.

굴원은 충성스럽고 바른 말을 잘했어요. 그래서 초나라 왕은 굴원을 매우 아꼈답니다.

당시 중국은 일곱 개의 나라로 갈라져 있었어요. 그래서 누구와 전쟁을 하고, 누구와 한편을 해야 하는지 하룻밤 사이에도 바뀌곤 했어요.

굴원은 나라를 지키기 위해 왕에게 많은 조언을 했어요. 그런 굴원을 왕이 항상 칭찬하고 믿어 주자, 다른 대신들은 질투하기 시작했어요.

"또 굴원의 말만 들으시는군."

"굴원이 틀린 말을 하는 것은 아니지만, 왠지 밉상이야."

그러던 어느 날, 이웃에 있던 진나라에서 사신이 왔어요. 초나라와 평화 조약을 맺고 싶다며, 초나라 왕을 자신의 나라로 초대했답니다.

"폐하, 절대 진나라에 가시면 안 됩니다. 너무 위험합니다."

굴원이 왕에게 간곡히 고했어요. 하지만 막내 왕자인 자란은 굴원의 의견에 반대했어요.

"아바마마, 진나라와 힘을 합칠 좋은 기회이옵니다. 굴원의 말을 듣지 마시옵소서."

초나라 왕은 막내 왕자의 말을 듣고 진나라로 갔어요.

하지만 왕이 진나라로 들어서자, 진나라 병사들이 일행을 포위했어요. 왕은 다시 초나라로 돌아가지도 못하고 갇히는 신세가 되었습니다.

"초나라는 들어라. 나라의 땅을 우리에게 바치면 너희 왕을 돌려주겠다."

초나라 왕자들과 대신들은 진나라의 말에 깜짝 놀랐어요. 왕도 중요하지만, 나라의 땅을 함부로 떼어 줄 수 없어서 요구를 거절했답니다. 결국 초나라 왕은 진나라에서 병에 걸려 죽고 말았어요.

첫째 왕자가 초나라 왕위에 올랐어요. 그리고 막내 왕자는 재상이 되었고요. 굴원은 막내 왕자 때문에 선왕이 죽었다고 비난했어요. 하지만 지방으로 쫓겨난 사람은 굴원이었습니다. 굴원을 도와주는 대신은 아무도 없었거든요. 모두 새로운 왕과 재상의 곁에서 듣기 좋은 말만 했답니다.

결국 굴원은 멱라강이 흐르는 곳으로 유배를 왔어요. 억울한 마음에 강가에 서서 이렇게 중얼거렸습니다.

“아아, 어쩌다 내가 이리 됐는고. 세상에는 더러운 자들로 가득하고, 나만 홀로 깨끗하구나.”

“모두가 취해 있는데, 나만 깨어 있도다. 그래서 난 추방 당했구나.”

굴원은 스스로 강물에 빠져 죽고 말았어요. 후세 사람들은 굴원의 죽음을 두고, 물이 너무 맑으면 고기가 없다고 말했다 해요.

그리고 물고기들이 굴원의 시신을 먹지 않도록 대나무 광주리에 담긴 쌀을 강물에 뿌려 주었습니다.

굴원이 살던 춘추 전국 시대에는 여러 나라가 서로 중국을 통일하려는 욕심 때문에 혼란스러웠어요. 한 나라 안에서도 대신들 간에 분쟁이 잦았고요. 이렇게 혼탁한 세상 속에서 굴원은 너무 외로웠어요. 굴원의 뜻을 존중해 주고, 함께하는 동지가 없었거든요. '물이 너무 맑으면 고기가 없다'는 말처럼 어느 상황에서든 자신의 뜻을 굽힐 수 없는 청렴결백한 굴원의 곁에는 그를 미워하는 대신들만 있었답니다.

25 밑 빠진 독에 물 붓기

아무리 힘이나 밑천을 들여도
보람 없이 헛된 일이 되고 만다.

세계명작 임금님과 동냥 그릇

옛날에, 황금을 너무 좋아하는 임금님이 살았어요.

온 궁전을 황금으로 만들다 못해, 화장실 변기도 황금으로 만들 정도였어요.

"황금을 더 가져와라! 온 나라의 땅을 파헤쳐서라도!"

병사들뿐 아니라 온 나라의 백성까지 나서서 황금을 캐냈어요.

하지만 시간이 지나자 아무리 찾아도 황금이 나오지 않는 거예요.

"폐하, 이제 이 나라에는 더 이상 황금이 없습니다."

"뭐, 뭐라고? 그렇다면 이웃 나라에 가서 황금을 사 오너라."

결국 사신이 이웃 나라에 가서 황금을 사 오자, 임금님은 크게 기뻐했어요.

임금님의 끝없는 황금 타령에 백성들은 점점 지쳐갔어요.

'휴, 밑 빠진 독에 물 붓기구나. 아무리 황금을 갖다 바쳐도 만족할 줄 모르셔.'

그러던 어느 날, 웬 거지 하나가 궁궐로 찾아왔어요. 오랫동안 먹지 못했는지 거지는 빼빼 말라 있었답니다.

"폐하, 저에게 소원이 하나 있습니다."

"그래? 까짓 거 말해 보거라."

"폐하, 제 동냥 그릇에 금화를 가득 채워 주십시오."

"뭐, 금화를?"

임금님은 거지가 들고 있는 동냥 그릇을 보며 고개를 끄덕였어요. 저 정도 그릇을 금화로 채우는 것은 식은 죽 먹기였거든요.

"그래. 소원을 들어주마. 난 황금을 아주 많이 가진 임금님이니까. 하하하!"

임금님이 직접 거지의 동냥 그릇에 금화를 부어 주기 시작했어요.

그런데 부어도 부어도 끝이 없는 거예요.

"이상하다. 밑 빠진 독에 물 붓기구나. 왜 금화가 끝도 없이 들어가는 것이냐?"

임금님이 당황해서 거지에게 물었어요. 그러자 거지가 진지한 표정으로 대답했답니다.

"이 동냥 그릇은 욕심쟁이의 해골로 만들었답니다. 그러니 끝이 없지요."

콩쥐팥쥐 이야기를 아세요? 못된 계모가 콩쥐에게 밑 빠진 독에 물을 채우라 해요. 두꺼비가 독의 깨진 구멍을 막아 주지 않았다면, 콩쥐는 물을 채울 수 없었을 거예요. 콩쥐가 열심히 물을 붓듯, 욕심쟁이 임금에게 백성들은 황금을 바쳤어요. 하지만 밑 빠진 독처럼 임금의 욕심은 끝도 없었답니다.

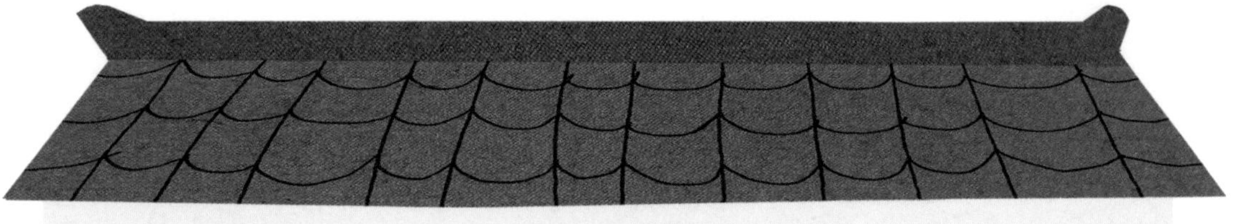

26 바늘 가는 데 실 간다

바늘과 실처럼 친밀한 사이다.

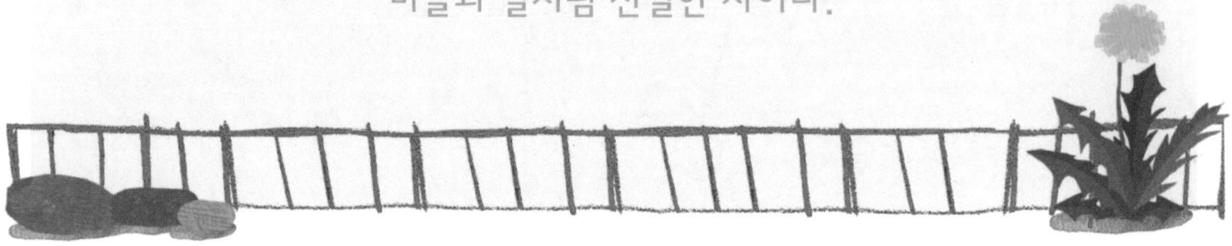

세계명작 늑대 왕 로보

미국의 커름보라는 마을에 늑대 왕 로보가 살았어요.

로보는 몸집이 아주 크고, 영리한 늑대였어요. 그리고 로보의 곁에는 충성스러운 네 마리의 늑대가 그림자처럼 따라다녔답니다.

커름보 마을에는 소나 양을 키우며 사는 사람들이 많았어요. 로보 일당에게는 매일 맛있는 고기가 뛰어다니는 것이나 다름없었지요.

"로보가 우리 집 소를 또 잡아먹었어."

"도대체 이게 몇 번째야? 로보를 잡을 수 있게 현상금을 내걸자고!"

커름보 사람들은 로보를 잡은 사람에게 어마어마한 현상금을 주기로 했어요. 이 소식을 듣자 전국에 있던 사냥꾼들이 로보를 잡으려고 몰려 왔답니다.

어떤 사냥꾼은 암소 고기에 독을 발라서 숲속에 놓았어요. 하지만 영리한 로보는 독이 묻은 부분만 빼고 고기를 날름 먹어 치웠답니다.

다른 사냥꾼은 로보가 지나다니는 길목에 덫을 여러 개 놓았어요. 하지만 로보는 어떻게 알았는지 덫만 피해서 지나갔어요.

결국 많은 사냥꾼이 로보에게 손을 들고 떠났답니다.

그때 사냥꾼 하나가 커롬보로 왔어요. 사냥꾼은 서두르지 않고 로보 일당을 관찰했어요.

"이 커다란 발자국은 로보일 거고, 바로 뒤에 작은 발자국은 어떤 녀석이죠?"

"아마도 암컷 블랑카일 거요."

"블랑카요?"

사냥꾼은 커롬보 주민에게서 재미있는 사실을 듣게 되었어요. 로보에게는 아름다운 짝 블랑카가 있었답니다. 온몸이 새하얀 털로 뒤덮인 블랑카는 로보의 곁에 꼭 붙어 다녔지요.

사냥꾼은 양머리를 잘라 근처에 덫을 여러 개 설치하고 몰래 숨었어요. 영리한 로보는 덫을 눈치채고 피해 갔어요. 하지만 호기심이 많은 블랑카가 양머리 쪽으로 다가갔습니다.

철컥! 철컥! 숨겨 놓은 덫이 블랑카의 발목을 꽉 물었어요. 블랑카가 아무리 몸부림을 쳐도 소용이 없었어요.

블랑카가 사냥꾼에게 잡혀 가자, 로보는 너무 슬펐어요. 그래서 블랑카가 있는 헛간으로 찾아왔답니다.

"블랑카! 블랑카! 내가 왔어! 좀 일어나 봐."

로보가 차갑게 식은 블랑카의 몸을 흔들며 구슬프게 울었어요.

그때였어요. 로보가 블랑카를 찾아오길 기다렸던 사냥꾼이 숨어 있다가 로보를 잡았답니다.

바늘 가는 데 실 간다고, 로보는 사람이 주는 먹이를 거부하고, 블랑카를 따라 죽고 말았습니다.

바느질을 하려면 바늘귀에 실을 꿰어야 해요. 그래서 바늘이 옷감을 뚫고 지나가면, 당연히 실도 같이 따라가게 되지요. 서로 떼어 놓을 수 없는 로보와 블랑카처럼 말이에요. 이렇게 끈끈한 사이를 두고 '바늘 가는 데 실 간다'라고 해요.

'구름 갈 제 비가 간다'로 바꿔 쓸 수 있어요.

동물을 사랑한 작가, 시턴

어니스트 시턴은 1860년, 영국에서 태어났어요. 그리고 여섯 살이 되던 해에 캐나다로 이민을 떠나, 숲이 빽빽하게 우거진 캐나다 산림 지대에서 소년 시절을 보낸답니다. 덕분에 시턴은 자연을 사랑하는 청년으로 자랐어요.

시턴은 화가가 되고 싶었어요. 하지만 생활이 어려워져서, 높은 로키 산맥으로 올라가 야영 생활을 시작했습니다. 그곳에서 시턴은 야생 동물을 가까이서 관찰하며 동물에 대한 이야기를 썼어요. 우리가 흔히 아는 곰, 늑대, 여우, 토끼, 개를 주인공으로 했지요.

대표작이 된 〈늑대왕 로보〉와 〈회색 곰의 일대기〉 등을 발표하며 시턴은 유명한 작가가 되었어요. 책 안에 들어간 삽화 또한 시턴이 모두 그린 것이었지요.

이렇게 시턴은 동물 문학가, 동물학자로 이름을 날렸어요. 그리고 동물과 자연을 보호하는 사회 운동에 힘쓰기도 했답니다.

27

배보다 배꼽이 더 크다

기본이 되는 것보다 덧붙이는 것이 더 많다.

역사 황제 튤립 사건

1634년, 네덜란드가 바다 무역으로 엄청난 성공을 거두었을 때예요.

귀족과 부자들은 화려한 집을 짓고, 금과 은으로 된 그릇, 보석들을 사들였어요. 그리고 튤립도 샀답니다.

네덜란드에서 가장 유명한 꽃이 튤립이라는 걸 아나요? 특히 황제 튤립이 가장 인기가 많았어요. 잎사귀에 황실을 상징하는 빨간 줄무늬가 있었거든요. 네덜란드 사람이라면 누구나 황제 튤립을 가지고 싶어 했습니다.

너도나도 황제 튤립을 원하자, 가격이 막 올랐어요. 얼마나 비싸졌냐면, 황제 튤립 뿌리 하나가 무려 집 한 채 값이랑 같았지 뭐예요?

"어허, 배보다 배꼽이 더 크다더니. 무슨 꽃 하나가 이렇게 비싸?"

"그래도 네덜란드에서 잘 나가는 사람들은 꼭 황제 튤립을 가지고 있다고."

돈이 별로 없는 사람들도 튤립을 사기 시작했어요. 나중에 가격이 오르면 튤립을 팔아서 돈을 벌 생각이었거든요.

그런데 끝도 없이 오르던 튤립의 가격이 뚝 떨어지기 시작했어요. 애초에 꽃에 불과했던 튤립이 말도 안 되게 비싼 것이 문제였지요.

"헉, 전 재산을 털어서 튤립을 샀는데 똥값이 되었잖아!"

"엉엉, 난 튤립을 사려고 친구들에게 돈까지 빌렸다고."

결국 튤립에 빠져서 마구 사들였던 네덜란드 사람들은 하루아침에 엄청난 손해를 봤어요. 일반 시민 중에는 알거지가 된 사람들도 많았어요. 집 한 채보다 비쌌던 황제 튤립의 시대는 이렇게 막을 내렸답니다.

배에 있는 배꼽은 우리가 엄마의 배 속에 있을 때 탯줄로 연결되었던 흔적이에요. 그러니 배꼽이 배보다 크다는 건 말도 안 되겠죠? 튤립의 가격이 엄청 오른 것도 이와 같아요. 집 한 채보다 튤립이 비쌌던 현상을 두고 '배보다 배꼽이 크다'고 할 수 있답니다.

'발보다 발가락이 더 크다'로 바꿔 쓸 수 있어요.

고전 하나 더

역사 임꺽정의 난

"어허, 밀린 세금을 어서 내거라!"

"나리, 올해 가뭄이 들어서 농사도 쫄딱 망하고, 먹을 쌀도 없습니다. 흑흑."

"어디서 거짓말이냐? 맞아야 돈을 내놓겠느냐!"

"아이고, 차라리 때려 주십시오."

조선 명종 때, 왕은 힘이 없었고 왕의 어머니와 그의 오라버니 윤원형이 마음대로 나라를 주무르고 있었습니다.

백성들은 극심한 흉년과 전염병으로 죽어 갔어요. 하지만 관리들은 자신의 배를 채우려고 세금을 마구 높였답니다. 그렇게 거둔 세금을 윤원형에게 바쳤고요.

그때, 임꺽정이라는 의적이 나타났어요.

"굶어 죽는 백성에게 돈을 내라고 하다니, 배보다 배꼽이 크구나!"

임꺽정은 소나 돼지를 잡는 천한 백정 출신이었어요. 평소부터 자신의 출신에 불만이 많았는데, 날이 갈수록 살기가 힘들어지자 도둑이 된 것이지요.

임꺽정과 무리는 관아나 부잣집을 털어서 백성들에게 곡식을 나누어 주었어요.

그러자 백성들은 임꺽정을 의적이라 불렀어요. 병사들이 임꺽정을 잡으러 오면, 집에 숨겨 주기까지 했답니다.

하지만 임꺽정의 무리가 점점 커지면서, 관리는 물론 백성들까지 죽이는 일이 벌어졌어요. 왕은 임꺽정을 잡으면 큰 상을 내리겠다고 말했습니다.

많은 관리와 병사들이 임꺽정을 잡으려고 나섰어요. 그때 믿었던 부하 서림이 임꺽정을 배신하면서, 임꺽정은 궁지에 몰렸어요. 결국, 좁혀 오는 포위망을 피하지 못하고 임꺽정은 체포되고 말았습니다.

28 번갯불에 콩 볶아 먹겠다

어떤 일을 당장 해치우지 못해 조급해 한다.

역사 성질 급한 농부

먼 옛날, 뭐든 빨리빨리 해야 직성이 풀리는 농부가 살았어요.

봄이 오자, 농부는 논에다가 모를 심었답니다. 그리고 며칠 내내 논을 보면서 중얼거렸어요.

"도대체 언제 다 자란담? 가을까지 기다리기 너무 지루하구먼."

그러다가 또 며칠이 지났어요. 이제야 모가 제대로 뿌리를 내렸을 때였어요.

"더 이상 못 참겠다. 더 빨리 자라게 하는 방법이 있을 거야!"

농부가 바짓가랑이를 걷어붙이고 논으로 뛰어들었어요. 그리고 뿌리

가 살짝 뽑히도록 모를 잡아당겼답니다.
"이렇게 하니, 모가 더 큰 것 같은걸?"
농부는 신이 나서 논에 있던 모든 모를 잡아당겼어요.
"이렇게 좋은 방법이 있는 줄도 모르고, 그동안 바보 같이 살았구먼."
농부의 눈에는 갑자기 모가 손가락 마디 하나 정도 자라난 것 같았어요.
뿌듯한 마음으로 집에 돌아온 농부가 아내에게 자랑했답니다.
"여보게, 마누라. 내가 오늘 모를 더 자라게 했다네."
"그게 무슨 소리예요? 심은 지 며칠 안 되었는데 그새 자랄 리가 있어요?"
농부는 아내에게 아까 논에서 있었던 일을 들려주었어요. 그러자 아내의 입술이 파르르 떨리지 않았겠어요?
"아이고, 이 양반이 번갯불에 콩 볶아 먹겠다고. 멀쩡한 모를 다 망쳐버렸네!"
"망치긴 뭘 망쳐? 나중에 보고 놀라지나 말라고."
농부는 아내의 말에 신경 쓰지 않고 콧노래를 불렀어요.
하지만 다음 날, 논으로 나간 농부의 가슴이 철렁 내려앉았답니다.
파릇파릇하게 서 있어야 할 모들이 노랗게 시들어 있었거든요.
"이게 무슨 일이냐? 모가 모두 죽어 버렸잖아!"
그제야 농부는 땅을 치고 후회했지만 이미 늦었답니다.
다른 집은 푸른 모가 노랗게 익어서 추수를 할 때쯤, 농부네 가족은 배를 쫄쫄 굶으며 가난하게 살아야 했어요.

우리의 주식인 쌀을 생산하는 벼는, 모라고 불리는 작은 모종을 봄에 심어서 노랗게 낟알이 익는 가을에 추수를 한답니다. 이렇게 벼는 여러 계절 동안 꾸준히 길러 내야 하는 수고로움이 있어요. 하지만 그것을 기다리기엔 농부의 성질은 너무 급했던 거예요. 비가 올 때, 먹구름 사이로 번쩍하고 지나가는 번개를 본 적이 있나요? 일반적으로 번개는 2초 사이에 사라진다고 해요. 그러니 번갯불에 콩을 구워 먹는다는 것은 거의 불가능한 일이에요. 모든 일에는 기다림의 시간이 필요한 법, 농부도 모가 뿌리내려 자라기를 기다렸어야 했지요.

29 벙어리 냉가슴 앓듯

답답한 사정이 있어도 말하지 못하고
혼자만 괴로워한다.

세계명작 거인의 정원

아이들의 눈앞에는 멋진 정원이 펼쳐져 있었어요.

우거진 초록의 나무들 사이로 시원한 분수가 무지개를 만들고, 새들은 아름다운 노래를 불렀지요.

정원에 몰래 들어온 아이들은 신 나게 놀았어요. 저 멀리서 거인이 다가오는 것도 모르고 말이에요.

"여긴 내 정원이야. 당장 여기서 나가! 어서!"

거인이 차가운 얼굴로 아이들을 쫓아냈어요.

그러자 따뜻한 봄기운으로 가득 찼던 정원에 싸늘한 바람이 불었어

요. 하얀 눈이 내리고, 분수 끝에는 고드름이 날카롭게 얼어붙었고요. 거인은 차가운 정원에 홀로 누워 잠이 들었답니다.

얼마나 시간이 흘렀을까요? 정원으로 다시 봄이 찾아왔어요. 거인이 놀라 일어나 보니, 아이들이 또 몰래 정원에 들어와서 놀고 있는 게 아니겠어요?

거인은 정원 구석에서 키 작은 아이를 보았어요. 아이는 나뭇가지에 올라가고 싶은데, 손이 닿지 않아 울고 있었답니다.

거인은 불쌍한 마음에 아이를 나뭇가지 위로 올려 주었어요.

"고마워요. 거인 아저씨."

아이가 활짝 웃으며 거인의 뺨에 뽀뽀를 해 주었답니다. 그러자 거인의 가슴이 따뜻해졌어요.

"정원을 얼어붙게 한 건 내 쌀쌀맞은 마음 때문이었나 봐."

거인은 아이들이 마음대로 놀러올 수 있도록, 커다란 망치를 가져와 정원의 담을 부수었어요. 그 후로 다시는 정원에 겨울이 찾아오지 않았답니다.

아이들은 매일 거인의 정원에 놀러 왔어요. 키 작은 아이만 빼고요. 거인은 그 아이가 보고 싶었답니다.

"정원에 봄은 왔지만, 그 아이가 오지 않으니 벙어리 냉가슴 앓듯, 내 마음이 꽁꽁 얼어붙은 것처럼 답답하고 슬프구나. 왜 정원에 오지 않는 걸까?"

아주 오랜 시간이 흐르자, 늙어 버린 거인의 앞에 그 아이가 나타났어요. 거인은 아이가 너무 반가워서 눈물을 흘릴 뻔했어요. 아이가 작고 조그만 손으로 거인의 뺨을 쓰다듬으며 말했답니다.

"아저씨, 이젠 나의 정원으로 데려가 줄게요."

거인은 아이를 따라 하얀 꽃으로 가득한 정원으로 걸어 들어갔어요. 그때 알았어요. 거인은 천국에 와 있었던 거예요.

벙어리는 말을 하지 못하는 사람을 낮춰 부르는 말이에요. 요즘엔 손으로 수화를 하거나 문자 메시지를 보내서 의사소통을 할 수 있지만, 예전엔 그럴 수 없었어요. 하고 싶은 말은 많은데 할 수가 없고, 그 답답함마저 표현할 수 없다면 얼마나 힘이 들까요? 그래서 '벙어리 냉가슴 앓듯'이라는 속담이 나왔답니다.

'우황 든 소 같다'로 바꿔 쓸 수 있어요. '우황'은 온몸이 노랗게 변하는 병을 뜻해요.

고전 깊이 읽기

예술을 사랑한 오스카 와일드

오스카 와일드는 1854년, 아일랜드에서 태어났어요. 왕실 주치의이면서 문학을 사랑했던 아버지와 시인인 어머니의 영향을 받아 작가로 성장했어요.

오스카 와일드는 '예술은 아름다워야 한다'는 생각으로 〈도리언 그레이의 초상〉, 〈행복한 왕자〉 등을 썼어요. 뿐만 아니라 시, 소설, 동화, 희곡 등 여러 분야의 글을 남겼답니다.

행복한 왕자 교과서 수록

어느 도시의 광장에 동상 하나가 있었어요. 금과 화려한 보석으로 장식한 왕자의 동상을 보고, 사람들은 행복한 왕자라고 불렀어요.

어느 날, 제비가 날아와 행복한 왕자의 발밑에서 쉬고 있었어요. 그런데 왕자의 눈에 눈물이 고여 있는 게 아니겠어요? 제비가 놀라서 이유를 묻자, 왕자가 대답했어요.

"흑흑, 이 도시에는 가난해서 울고 있는 사람들이 너무 많아."

왕자는 제비에게 자신의 몸에 있던 보석을 가난한 사람들에게 전해 달라고 했어요. 제비는 왕자의 따뜻한 마음씨에 감동해서 부탁을 들어줬어요. 하지만 그 사이 추운 겨울이 오고, 왕자를 돕느라 남쪽으로 떠나지 못한 제비는 얼어 죽게 되었어요. 그리고 사람들은 보석이 다 사라져서 초라해진 왕자의 동상을 철거해 버렸답니다. 동상을 녹이자 왕자의 딱딱한 심장만 남았다고 해요.

하느님이 천사에게 이 도시에서 가장 귀중한 두 가지를 가져오라고 해요. 천사는 왕자의 심장과 죽은 제비를 가져왔답니다. 그러자 왕자와 제비는 천국에서 행복하게 살게 되었답니다.

30 벼 이삭은 익을수록 고개를 숙인다

교양이 있고 수양을 쌓은 사람일수록 겸손하다.

인물 삼등칸에 탄 슈바이처

슈바이처는 가난한 아프리카 사람들을 위해 병원을 세워서 의술을 펼친 훌륭한 분이에요. 이런 슈바이처가 노벨 평화상을 받게 되었어요. 인류의 평화에 힘쓴 사람에게 주는 최고의 상이거든요.

슈바이처가 노벨 평화상을 받으러 아프리카를 떠나 덴마크로 오던 길이었어요.

슈바이처가 온다는 소식에 많은 기자들이 기차역으로 몰려들었답니다.

"슈바이처 선생님을 직접 뵙게 된다니 믿을 수 없어."

“자자, 일등칸으로 가 보자고. 거기에 계실 거야.”

기자들은 기차에서 제일 좋은 일등칸으로 갔어요. 세계적으로 유명한 슈바이처가 당연히 일등칸을 탔을 거라 생각했거든요.

하지만 슈바이처는 일등칸에 없었답니다.

“우리가 기차 시간을 잘못 알았나?”

“이상하다. 분명히 이 기차로 오신다고 했는데…….”

기자들은 고개를 갸웃거리며 이등칸으로 향했어요. 일등칸에 비해 이등칸은 자리도 좁고 일반 시민들이 많았어요.

“엥? 이등칸에도 안 계신데?”

“이 기차가 아닌가 봐.”

기자들은 슈바이처가 다른 기차로 온다 생각하고, 기차에서 내렸어요.

그중 한 기자는 혹시나 하는 마음으로 삼등칸으로 갔어요. 그곳은 가난한 사람들만 타는 칸이었답니다.

기자는 뜻밖에 삼등칸에서 슈바이처를 만날 수 있었어요.

“슈, 슈바이처 선생님 맞으시죠?”

“그렇다네. 내가 슈바이처네.”

“어째서 삼등칸을 타고 오신 건가요?”

“사등칸이 없으니 삼등칸에 탈 수밖에 없지 않은가.”

기자는 검소한 슈바이처의 모습에 감동했어요. 벼 이삭은 익을수록 고개를 숙인다고 하죠? 바로 훌륭한 인품을 가진 슈바이처의 모습이 그

랬답니다.

많이 배우고, 돈이 많다고 해서 다른 사람을 낮춰 보고 고약하게 굴면 아무도 존경하지 않을 거예요. 슈바이처는 노벨 평화상을 받게 되었다고 우쭐하거나 당연히 일등칸을 타야 한다고 생각하지 않았어요. 이런 겸손함이 기자의 고개까지 저절로 숙이게 만들었답니다.

'병에 찬 물은 저어도 소리가 나지 않는다'로 바꿔 쓸 수 있어요.

고전 깊이 읽기

아프리카의 성자, 슈바이처

슈바이처(1875~1965)가 가난한 사람들을 돕기 위해 아프리카로 떠난 것은 서른 살이 훨씬 넘어서였어요.

그전까지는 신학과 음악을 연구하며, 대학교에서 학생들을 가르치는 교수였답니다. 그러던 그가 왜 갑자기 안정된 직업을 버리고 아프리카로 떠나게 되었을까요?

"나는 참 행복한 사람이에요. 하지만 그렇지 못한 사람들이 세상에는 너무 많습니다. 나는 나만의 행복을 위해서만 살고 싶지 않아요."

슈바이처는 오래전부터 남들을 돕고 사는 삶을 꿈꿔 왔어요. 그래서 서른 살이 되었을 때, 의사가 되기로 결심했답니다. 아프리카에는 의사가 부족해서, 치료를 받지 못하고 죽는 사람들이 많았거든요. 그는 자신이 교수로 있던 대학교에 학생으로 다시 입학해서 의학 공부를 시작했어요. 무려 6년이나 걸려서 말이죠. 아내 헬레네도 아프리카로 함께 떠나기 위해, 간호사 자격증을 땄답니다.

1913년, 슈바이처 부부는 아프리카의 가봉에 있는 '랑바레네'라는 마을에 도착했어요. 병원을 다 짓기도 전에 하루에도 수십 명의 환자들이 슈바이처 부부를 찾아왔답니다. 슈바이처는 자신의 집 옆에 있는 닭장을 개조해서 환자들을 치료했어요. 매일 소중한 생명을 구하며 그는 비로소 큰 행복을 느꼈습니다.

제1차 세계대전이 일어나자, 슈바이처는 다시 독일로 돌아가게 되었어요. 하지만 그로부터 6년 후인 1924년, 슈바이처는 다른 의사들과 간호사들을 데리고 아프리카로 돌아왔답니다. 버려졌던 병원을 다시 세우고, 환자들을 돌보는 데 남은 평생을 바쳤다고 해요.

31 빛 좋은 개살구

겉만 그럴싸하고 실속이 없다.

탈무드 포도주를 맛있게 담그는 법

어느 날, 로마의 황후가 지혜로운 학자에 대한 소문을 들었어요.

"가르침을 받고 싶구나. 학자를 황궁으로 모셔 오너라."

황후의 부름을 받은 학자가 황궁에 도착했어요, 학자는 예의 바르게 황후에게 절을 했답니다. 하지만 황후는 실망한 표정이었어요. 학자가 너무 못생겼거든요. 황후가 학자에게 장난치듯 말했어요.

"지혜롭다고 해서 꼭 잘생길 필요는 없나 봅니다."

기분이 나쁠 법도 한데 학자가 웃으며 대답했어요,

"못생겨서 죄송합니다. 황후 마마. 그런데 포도주를 어디에 담그시는

지 여쭤 봐도 되겠습니까?"

"포도주요? 모두가 하는 대로 나무통에 담그지요."

그러자 학자가 인상을 찌푸리며 말했어요.

"로마 제국의 황후께서 어찌 다른 사람들처럼 보잘 것 없는 나무통에 포도주를 담그십니까?"

"그럼, 다른 방법이 있나요?"

학자가 한숨을 푹 쉬면서 황후에게 가까이 다가가서 말했어요.

"황궁에 있는 금 항아리에 포도주를 담그십시오. 그럼 훨씬 달콤하고 깊은 맛이 날 겁니다."

황후는 바로 시녀들을 불러 금 항아리에 포도주를 담그라 명령했습니다.

며칠이 지났어요. 황후가 기대하며 금 항아리의 포도주를 마셔 보았어요.

"윽, 이게 무슨 맛이야. 모두 상해 버렸지 않느냐!"

황후가 입에 있던 포도주를 모두 뱉어 냈어요. 그러자 황제가 나타나 황후를 꾸짖었어요.

"허허, 포도주는 나무통에 담가야지. 금 항아리가 웬 말이오. 빛 좋은 개살구가 따로 없구려."

황후는 부끄러워서 고개를 들 수 없었어요.

다음 날, 황후가 다시 학자를 찾았어요. 학자는 이미 모든 상황을 알고 있다는 듯 여유롭게 말했어요.

"마마, 아무리 화려한 금 항아리도 포도주를 상하게 하는 법입니다."

"뭐라고요? 그럼, 일부러 포도주를 금 항아리에 담그게 한 건가요?"

"제가 볼품없는 나무통처럼 못생겼지만 제 안에는 잘 익은 포도주처럼 깊은 지혜가 담겨 있다는 걸 보여 드리고 싶었습니다."

황후는 할 말이 없었습니다. 그리고 학자의 외모를 가지고 놀렸던 자신을 반성했답니다.

겉보기에는 살구와 비슷한 개살구라는 열매가 있어요. 살구보다 열매도 빨리 맺는다고 하네요. 하지만 달콤해 보이는 빛깔과 다르게 맛은 시고 떫다고 해요. 화려한 금 항아리의 포도주처럼 개살구도 살구보다 맛이 없어요. 이렇듯, 겉모습만 그럴 듯하고 그 안이 실속이 없는 경우에 '빛 좋은 개살구'라는 속담을 쓴답니다.

'뚝배기보다 장맛'은 반대되는 속담이에요. 국을 끓이는 뚝배기 그릇은 보잘 것 없지만 그 안에 들어가는 장맛은 좋다는 의미예요.

32 사공이 많으면 배가 산으로 간다

여러 사람이 자기주장만 내세워서
일이 제대로 되기 어렵다.

세계명작 엉터리 판결

어느 날, 상인의 집에 있던 금덩어리가 사라졌어요. 다행히 도둑이 잡혔고, 재판이 열렸답니다.

"평화로운 우리 마을에 이런 사건이 생기다니 부끄럽구나! 도둑에게 큰 벌을 내려야겠다."

재판장의 말에 도둑은 얼른 잔머리를 굴려서 대답했어요.

"저는 억울합니다! 벽에 기대어 있었는데, 갑자기 무너지는 바람에 지하실로 굴러떨어졌고, 거기서 금덩어리를 보고 말았어요. 누구라도 금덩어리를 보면 훔치지 않을 수 없을 거예요. 죄를 묻는다면 벽을 허하게 지은 건축업자에게 있습니다!"

재판장은 도둑의 말을 듣고, 건축업자를 불렀습니다. 건축업자는 벌을 받을까 봐 두려워서 말을 지어냈어요.

"저는 분명 제대로 벽을 만들었습니다. 문제가 있다면 벽을 만들 때, 시멘트에 넣을 물이 부족했는데, 아마도 물이 새는 병을 만든 옹기장이 때문일 겁니다."

그래서 옹기장이가 불려왔어요. 그 역시 죄를 뒤집어쓸까 봐 겁이 났어요.

"건축업자에게 물병을 팔 때, 웬 여자가 금 세공사 위치를 물었습니다. 대답해 주다가 물병을 깨뜨렸을지도 모릅니다."

"그래? 그렇다면, 금 세공사가 더 큰 간판을 걸지 않아서 여자가 길을 물었을 테구나."

금 세공사가 불려 왔어요. 그는 재빠르게 이야기를 지어내지 못하고 어리둥절한 표정으로 서있었습니다.

"변명할 말도 없는 거 보니 네가 죄인이구나!"

재판장은 금 세공사에게 사형을 선고했어요. 그러자 재판을 구경하던 사람들이 웅성거렸어요.

"금 세공사의 보석을 사러 다른 마을에서 많이 찾아옵니다. 그래서 우리 마을도 먹고사는 거고요."

"누군가는 죗값을 치러야지요."

"어쨌든 금 세공사가 없으면 우리 마을은 망할지도 몰라요."

재판장은 오랫동안 고민하다가 입을 열었습니다.

"어쩔 수 없군. 그럼 우리 마을에 오는 첫 번째 여행자를 사형에 처하겠소."

사공이 많으면 배가 산으로 간다고, 여러 사람의 의견을 듣다가 죄 없는 여행자를 죽이겠다는 판결이 내려졌어요.

이 소식을 들은 다른 마을 사람들은 깜짝 놀랐답니다.

"그 마을에 가면 안 되겠어. 다른 마을에 가서 보석을 사자고."

"응. 친구 보러 가지도 못하겠네. 발길을 뚝 끊어야지."

결국 여행자들의 발길이 끊기자, 금 세공사의 가게는 문을 닫았어요. 그리고 마을 사람들도 뿔뿔이 흩어져서 마을이 황폐해졌습니다.

사공은 배의 노를 젓는 사람이에요. 사공이 올바른 방향으로 배를 몰아야 제대로 가겠죠? 그런데 사공이 여럿이고, 서로 다른 방향을 주장한다면 어떻게 될까요? 물 위로 흘러가야 할 배가 산꼭대기로 향할 정도로 제 방향을 잃게 될게 분명해요.

33 사람은 죽으면 이름을 남기고 범은 죽으면 가죽을 남긴다

생전에 훌륭한 일을 해서 후세에 이름을 떨친다.

인물 윤봉길의 의로운 외침 교과서 수록

지금으로부터 약 100년 전, 일본이 우리나라를 강제로 식민지로 삼아서 온갖 나쁜 짓을 저지르던 시절이 있었어요.

마음대로 우리나라의 국권을 빼앗아 가고, 대한 제국의 마지막 황제인 순종을 억지로 물러나게 했답니다.

그 이후 우리나라 사람들은 일본의 지배 아래에서 많은 서러움을 당했어요.

우리나라에서 일본을 몰아내기 위해 많은 독립투사들이 싸웠어요. 백범 김구 선생이 이끄는 한인애국단이 그랬어요.

1931년, 젊은 청년 윤봉길이 김구 선생을 찾아왔어요.

“저는 윤봉길이라고 합니다. 한인애국단에 가입하고 싶습니다.”

“좋소. 독립을 위해 싸울 인재는 언제든지 환영이오.”

4월 29일, 일본 천황의 생일을 맞아 중국의 홍커우 공원에서 기념식이 있을 예정이었어요. 윤봉길은 이 행사에 참가한 일본의 정치인들에게 폭탄을 던지기로 결심했습니다.

드디어 그날이 다가왔어요. 윤봉길과 김구 선생은 함께 아침을 먹고 홍커우 공원으로 향했어요.

“선생님의 시계가 많이 낡았습니다. 제 것과 바꾸시지요.”

윤봉길이 김구 선생의 손목시계를 보며 말했어요.

“제 것이 선생님 것보다 더 가격이 나갑니다. 전 오늘 나라를 위해 목숨을 바칠 예정이니 제 것과 바꾸시지요.”

김구 선생이 윤봉길의 시계를 받아들자 목이 멨어요.

“선생님, 저승에서 다시 뵙겠습니다.”

윤봉길은 웃으며 김구 선생에게 마지막 인사를 건넸어요.

기념식이 거행되자 윤봉길은 삼엄한 경계를 헤치고 구경꾼 속으로 숨어들었어요. 그리고 폭탄을 꺼내서 일본 정치인들을 향해 던지며 외쳤어요.

“일본 제국주의를 타도하자!”

이 사건으로 행사에 참여했던 일본의 정치인들이 목숨을 잃거나 부상을 당했어요. 하지만 독립을 꿈꾸던 우리나라 사람들과 독립투사에게

큰 힘이 되었습니다.

사람은 죽으면 이름을 남기고 범은 죽으면 가죽을 남긴다는 말이 있어요. 윤봉길은 윤봉길 의사(의로운 지사)로 불리며, 100여 년이 지난 지금에도 오래 기억되고 있어요.

호랑이가 죽으면 사람들은 가죽을 벗겨 쓰곤 해요. 그렇다면 사람이 죽으면 무엇을 남길 수 있을까요? 자식이나 재산을 남길 수 있어도 그것은 가족이나 가까운 사람에게 돌아갈 뿐이에요. 하지만 아주 훌륭한 일을 하면, 더 많은 사람들에게 그 이름을 남길 수 있답니다. 오랜 세월이 지났어도 우리가 윤봉길 의사를 기억하는 것이 바로 그 이유예요.

고전 깊이 읽기

민족의 슬픈 역사, 일제강점기

1910년 8월 29일, 우리나라가 일본의 식민지가 되고 말았어요. 호시탐탐 조선을 노리던 일본은 강제로 대한 제국의 국권을 앗아갔지요.

식민지라 함은, 다른 나라의 소속이 되어서 통치를 받는 것을 말해요. 일본은 우리나라를 발판 삼아, 중국과 러시아 등 아시아의 다른 나라들을 노렸어요. 자연히 우리나라는 일본의 전쟁 기지가 되었습니다. 어린 학생들이 전쟁터로 끌려가고, 나라의 온갖 자원들을 무자비하게 빼앗아 갔어요. 이름도 일본식으로 바꾸고, 우리의 전통문화를 없애려고 했답니다.

일본의 횡포에서 벗어나서, 광복을 되찾기 위해 많은 사람들이 독립운동을 시작했어요. 어린 여학생이었던 유관순 열사가 대한 독립 만세를 외쳤고, 김좌진 장군은 청산리에서 일본군과 전쟁을 벌였어요. 안중근 의사는 일본의 정치인 이토 히로부미를 총으로 저격하기도 했고요. 윤봉길 의사 역시 일본 정치인들을 향해 물통 모양의 폭탄을 던졌답니다. 또한 중국 상하이에 임시 정부를 만든 김구 선생도 있습니다.

이후, 연합군에 일본이 패망하여 1945년 8월 15일 우리나라는 광복을 했어요. 하지만 현재에도 일본은 일제강점기 때 저지른 만행을 사과하지 않아 큰 문제가 되고 있답니다.

34 사촌이 땅을 사면 배가 아프다

교과서 수록

남이 잘 되는 것을 기뻐해 주지는 않고
오히려 질투한다.

세계명작 말하는 달걀

옛날, 어느 마을에 엄마와 두 딸인 로즈와 블랑쉬가 살았어요.

엄마는 첫째인 로즈만 예뻐했어요. 그래서 로즈가 빈둥대며 노는 동안 블랑쉬 혼자 집안일을 다 해야 했어요.

"블랑쉬야, 물 항아리를 가득 채우고, 청소도 다 해 놓아라."

"네. 엄마, 얼른 물을 떠올게요."

착한 블랑쉬는 엄마가 시키는 일은 뭐든 열심히 했습니다.

블랑쉬가 샘으로 가서 물을 긷는데, 어떤 할머니가 나타났어요.

"얘야, 물 좀 다오. 목이 마르구나."

“네. 할머니 잠시만 기다리세요.”

블랑쉬가 물을 떠서 할머니에게 드렸어요.

“참 착한 아이구나. 우리 집에 가서 일 좀 도와주지 않을래? 그러면 선물을 주마.”

블랑쉬가 고개를 끄덕였어요. 할머니는 블랑쉬를 데리고 자신의 집으로 향했답니다.

할머니가 언덕 앞에서 발걸음을 멈추었어요.

“이 언덕을 넘으면 이상한 것을 봐도 절대 웃지 않겠다고 약속해라.”

“네. 약속해요.”

블랑쉬는 할머니를 따라 언덕을 올랐어요. 그런데 거인의 머리 두 개가 공중에 둥둥 떠 있지 않겠어요? 머리들은 서로를 향해 소리를 지르며 싸웠어요. 블랑쉬는 하마터면 웃을 뻔했지만, 겨우 참았어요. 조금 더 가니 이번에는 팔 두 개가 공중에서 서로를 향해 삿대질을 했어요. 다음에는 서로에게 발 차기를 하는 두 발이 보였고요.

블랑쉬는 겨우 웃음을 참고 할머니의 집으로 들어갔어요.

“집이 엉망이지? 청소 좀 해 주지 않으련?”

블랑쉬는 빗자루를 들고 바닥을 쓸었어요. 그런데 할머니가 자신의 머리를 떼서 무릎에 놓고 이를 잡기 시작했어요. 블랑쉬는 웃음이 나올까 봐 등을 돌리고 겨우 청소를 마쳤어요.

“집 안이 깨끗해졌구나. 뒷문으로 나가면 닭장이 있단다. 거기에 네 선물이 기다리고 있을 거야.”

"감사합니다. 할머니."

닭장에는 달걀이 두 개 있었어요. 그런데 달걀이 말을 하는 거예요. 달걀 하나는 "나를 가져가." 하고, 다른 하나는 "나를 가져가지 마." 했어요.

블랑쉬는 "나를 가져가." 하고 말하는 달걀을 가지고 집으로 왔답니다.

집으로 와서 달걀을 깨 보니 보석과 금화가 쏟아져 나왔어요. 블랑쉬가 기뻐서 폴짝폴짝 뛰는데, 엄마와 로즈의 얼굴은 굳어 있었어요.

"로즈 너도 그 집에 가 보거라. 블랑쉬만 저런 행운을 얻게 할 수 없잖니."

사촌이 땅을 사면 배가 아프다고, 엄마는 로즈에게도 보물을 찾아보라고 시켰어요.

로즈는 블랑쉬가 했듯 할머니에게 물을 드리고, 할머니 집으로 향했어요.

언덕에 오르자 로즈는 서로 싸우는 거인의 머리와 팔, 다리를 보고 키득거렸어요. 그리고 할머니가 머리를 떼서 이를 잡자 깔깔 웃었어요. 할머니가 화가 난 표정으로 로즈에게 말했어요.

"넌 예의가 없는 아이구나. 닭장에 가서 달걀을 가지고 어서 집에 가렴."

로즈는 "나를 가져가." 하는 달걀과 "나를 가져가지 마." 하는 달걀을 둘 다 가지고 집에 왔어요.

로즈가 집으로 와서 달걀 두 개를 깨자, 징그러운 독거미와 개구리, 뱀이 나왔어요.

"으악, 싫어. 저리 가. 저리 가!"

로즈와 엄마는 뱀을 피해 도망치다가 돼지우리에 빠지고 말았습니다.

예전에는 모두 농사를 지었기 때문에 넓은 땅을 가진 사람이 부자였어요. 가까운 사촌이 땅을 사서 더 많은 곡식을 거두면, 왠지 모르게 질투가 났나 봐요. 블랑쉬의 엄마와 로즈처럼 말이에요. 하지만 가까운 이가 잘 되었을 때 질투보단 축하를 건네는 모습이 더 멋져 보인답니다.

35 소 뒷걸음질 치다 쥐 잡기

우연히 공을 세우게 된다.

전래동화 사이좋은 친구 교과서 수록

앞을 못 보는 이 서방과 다리가 불편한 김 서방이 살았어요.

두 사람은 어릴 적부터 친구였어요. 이 서방이 다리가 되어 김 서방을 업으면, 김 서방은 눈이 되어 주었답니다.

그러던 어느 날, 이 서방과 김 서방이 장터에 다녀오는 길이었어요.

갑자기 이 서방이 무언가에 걸려 넘어졌어요. 그 통에 업혀 있던 김 서방도 땅으로 떨어지고 말았답니다.

"어이쿠, 괜찮나, 김 서방?"

"괘, 괜찮네. 갑자기 무슨 일인가?"

“뭐에 걸려 넘어졌나 보네.”

이 서방이 앞이 보이지 않아서 손으로 앞을 휘휘 저으며 말했어요.

김 서방은 땅에 떨어진 하얀 보따리를 발견했어요. 보따리에 이 서방의 발이 걸려 넘어졌던 거예요.

김 서방이 보따리 안을 들여다보더니 함박웃음을 지었어요.

“소 뒷걸음질 치다 쥐 잡기라고, 자네가 무엇에 걸려 넘어졌는지 아는가?”

“뭔데? 나도 좀 알려주게.”

"동그랗고, 가운데 구멍이 있는 것이네. 이걸 만져 보게나."

김 서방이 보따리의 물건을 이 서방의 손에 놓았어요.

"흐음, 잘 모르겠는데?"

"이것만 있으면 자네와 우리 아이들을 배불리 먹일 곡식을 살 수 있다네."

"그래? 그래서 도대체 이 물건이 뭔가?"

김 서방이 이 서방의 귀에 대고 보따리를 흔들었어요. 그러자 엽전이 짤랑짤랑하는 소리가 들렸답니다.

"오호, 이제 알겠구먼!"

몸집이 작고 요리조리 뛰어다니는 쥐를 잡기는 참 어려워요. 그런데 뒷걸음질 치는 소의 발굽에 쥐가 깔려 죽었지 뭐예요. 소도 쥐를 잡으려고 한 게 아닐 텐데 뜻밖에 공을 세우게 되었어요. 몸이 불편한 두 친구가 우연히 돈 보따리를 줍게 된 것도 같은 경우랍니다.

고전 하나 더

인물 유레카를 외친 아르키메데스

고대 그리스의 히에론 왕은 어느 날, 괘씸한 소문을 들었어요.

"뭐라고? 내 왕관이 모두 금으로 된 게 아니라, 대장장이가 몰래 은을 섞었다고?"

히에론 왕은 화가 나서 왕관을 벗었어요. 하지만 아무리 왕관을 들여다보아도, 은이 들었는지 알 수 없었답니다.

"어서, 아르키메데스 선생을 모셔 와라!"

그리스에서 이 왕관의 비밀을 밝혀 낼 수 있는 사람은 오직 아르키메데스 밖에 없었어요. 그는 지혜로운 학자이면서 신기한 물건을 발명하기도 했거든요.

히에론 왕은 아르키메데스에게 왕관을 주면서 왕관을 부수거나 녹이지 않고 사실을 밝혀 달라고 했어요.

'어허, 어려운 숙제로구나.'

아르키메데스는 며칠간 잠도 못 자고 고민하다가 목욕탕에 들어섰어요.

"풍덩!" 커다란 욕조에 몸을 담그는 순간, 물이 흘러넘쳤어요. 욕조에 앉아 있던 아르키메데스는 바닥에 흥건한 물을 보고 무언가 떠올렸어요.

"그래. 바로 이거야. 왕관의 비밀을 밝힐 수 있겠어!"

아르키메데스는 너무 기뻐서 벌거벗은 채로 밖으로 나와서 이렇게 외쳤어요.

"유레카(그리스 어로 '알았어. 바로 이거야.'라는 뜻)!"

아르키메데스는 금으로 된 왕관을 새로 만들었어요. 그리고 새로 만든 왕관을 물에 넣고 넘친 양을 기록했어요. 다시 원래 왕관을 물에 넣자 넘치는 물의 양이 다른 게 아니겠어요? 이렇게 해서 원래 왕관에 은이 섞여 있다는 사실이 밝혀냈어요. 소 뒷걸음질 치다 쥐 잡기라고, 우연히 목욕을 하다가 아르키메데스는 어려운 문제를 풀었답니다.

36 수박 겉 핥기

사물의 겉만 따지고, 안은 잘 모른다.

세계명작 아기 돼지 삼 형제 교과서 수록

먼 옛날, 숲속 마을에 엄마 돼지와 아기 돼지 삼 형제가 살았어요.

어느 날, 엄마 돼지가 다 자란 삼 형제에게 말했어요.

"너희도 이제 다 컸으니, 집을 떠나 스스로 살도록 하렴."

"알겠어요. 엄마."

삼 형제는 엄마와 헤어져서 산다는 게 슬펐어요. 하지만 다 큰 돼지 넷이 함께 살기엔 집이 너무 좁았어요.

이렇게 아기 돼지 삼 형제는 엄마를 떠나게 되었어요.

"언제 늑대가 나타날지 모르니 집부터 짓자."

“두고 봐. 내가 제일 멋진 집을 지을 테니까.”

삼 형제는 서로 흩어져서 집을 지을 재료를 찾기 시작했어요.

첫째는 막상 집을 지으려고 보니 귀찮았어요. 그래서 들판에 가서 갈대를 꺾어 왔어요.

“벽이 좀 흔들려도 갈대 집이 운치 있고 좋아.”

첫째는 눈 깜짝할 사이에 갈대 집을 완성했답니다.

첫째를 보자 둘째의 마음이 급해졌어요.

‘형처럼 나도 빨리 집을 지어야 하는데…….’

둘째는 숲속으로 가서 나무를 베어 나무 집을 뚝딱 지었답니다.

“나무 틈새로 찬바람은 들어와도 이 정도면 튼튼하지.”

두 형이 이렇게 집을 완성했을 때, 셋째는 열심히 벽돌을 구워서 쌓고 있었어요.

“수박 겉 핥기로 집을 지으면 안 돼. 겉과 안이 튼튼한 집을 지어야 한다고.”

마침내 셋째가 벽돌집을 다 지었어요. 셋째는 엄마 돼지를 집으로 초대하는 편지를 보냈답니다.

그런데 불청객이 나타났어요. 바로 삼 형제가 두려워하던 늑대였지요.

“후후, 오늘 저녁은 아기 돼지 통구이로구나.”

늑대가 첫째의 갈대 집으로 갔어요. 숨을 크게 들이마셨다가 ‘후’ 하고 입김을 불자, 갈대 집이 순식간에 날아갔어요. 결국 첫째는 늑대에게 잡

아먹혔어요.

늑대는 둘째의 나무 집으로도 향했어요. 이번에는 입김을 두 번 불자 집이 산산조각 나 버렸어요. 둘째도 늑대의 배 속으로 들어가고 말았답니다.

탐욕스러운 늑대는 셋째의 벽돌집으로 향했어요. 그런데 아무리 입김을 불어도 벽돌집은 끄떡도 하지 않는 거예요.

결국 튼튼하게 집을 지은 셋째만 무사히 살아남게 되었답니다.

혀로 수박의 겉만 핥는다면 수박의 달콤하고 시원한 맛을 볼 수 없겠죠? 집을 짓는 아기 돼지 삼 형제의 모습도 그렇답니다. 갈대나 나무로 대충 집을 지어 놓고 안전하다고 생각한다면 오산이에요. 시간이 걸리더라도 제대로 집을 지은 셋째만 살아남았다는 사실을 잊지 마세요.

'꿀단지 겉 핥기'와 바꿔 쓸 수 있어요.

비슷한 사자성어로 '주마간산(走馬看山)'이 있어요. '달릴 주(走), 말 마(馬), 볼 간(看), 뫼 산(山)'으로 '말을 타고 달리면서 산을 바라본다'는 뜻이에요.

37 신선놀음에 도낏자루 썩는 줄 모른다

재미있는 일에 정신이 팔려서 시간 가는 줄 모른다.

설화 바둑 두는 신선

옛날에, 나무꾼이 숲속에서 나무를 하고 있었어요.

힘껏 도끼를 휘둘러 나무를 베자, 제법 많은 나무가 쌓였어요.

나무꾼은 땀도 식힐 겸 바위에 앉아 쉬기로 했답니다.

"응? 저기 못 보던 동굴이 있네?"

나무꾼은 도끼를 들고 동굴로 향했어요.

"시원한 동굴 안에서 낮잠이나 잘까?"

동굴로 걸어 들어가자 점점 안이 넓어지더니, 나무꾼의 눈앞이 환해졌어요.

그때 저 멀리 앉아 있는 백발의 노인들이 보이는 게 아니겠어요?

노인들은 심각한 표정으로 바둑을 두고 있었어요. 나무꾼이 슬쩍 다가가서 눈치를 살폈어요.

하지만 노인들은 바둑판만 뚫어져라 보았답니다. 나무꾼도 바둑판을 보니 흥미진진한 대결이 펼쳐져 있었어요.

'하얀 돌이 이기려나. 아니야. 검은 돌도 만만치 않아.'

어느새 나무꾼은 이 대결에 푹 빠지고 말았어요.

노인 중 하나가 바둑알을 놓으려 하면, 나무꾼은 침을 꼴깍 삼키며 두 손에 땀을 쥐었어요.

그렇게 나무꾼은 바둑에 한참 빠져 있다가 겨우 정신을 차렸어요.

'시간이 꽤 되었을 것 같군. 이만 가봐야겠다.'

나무꾼은 동굴 벽에 세워 두었던 도끼를 집어 들었어요.

그런데 손이 닿자 나무로 된 도끼의 자루가 가루가 되어 버리는 게 아니겠어요?

"어라, 도낏자루가 썩어 버렸잖아? 별일이 다 있군."

나무꾼은 아무 생각 없이 도끼를 버려 두고 동굴을 나갔어요.

하지만 마을로 내려오자 뭔가 이상하다는 생각이 들기 시작했어요.

분명 자신이 살던 마을인데, 처음 보는 사람들이 살고 있었거든요. 나무꾼은 지나가는 노인을 붙잡고 물었어요.

"저는 김개똥이라고 합니다. 어르신은 누구신지요?"

"그럴 리가, 김개똥은 내 증조할아버지인데……."

그 순간 나무꾼의 머릿속이 새하얘졌어요. 신선놀음에 도낏자루 썩는 줄 모른다고, 바둑을 구경하는 동안 세월이 엄청 흐른 것을 몰랐던 거예요.

나무꾼은 시간 가는 줄 모르고 두 신선이 바둑 두는 것을 구경했어요. 도낏자루가 썩을 때까지 말이죠. 나무꾼은 어린 아들이 다 자라서 결혼을 해 손자를 낳고, 그 손자가 노인이 될 때까지 동굴에 있었던 거예요. 이렇게 무언가에 정신이 팔려서 시간 가는 줄 모르는 경우를 '신선놀음에 도낏자루 썩는 줄 모른다'라고 해요.

38 쏘아 놓은 화살이요 엎지른 물이다

한번 저지른 일은 다시 고치거나
도중에 멈출 수 없다.

전래동화 삼 년 고개

어느 마을에 높은 고개가 하나 있었어요.

이 고개에서 넘어지면, 삼 년밖에 살지 못한다는 전설이 있었대요.

그래서 사람들은 이 고개를 '삼 년 고개'라고 불렀답니다.

어느 날은 꼬부랑 허리의 노인이 고개를 넘기 시작했어요.

"넘어질까 무서워서 다리가 다 후들거리는구나."

노인이 혼잣말을 하며 발을 내딛는 순간이었어요. 그만 엉덩방아를 찧으면서 넘어지고 말았답니다.

"아이고. 나는 이제 삼 년밖에 못 사는구나."

노인은 꺼이꺼이 울면서 집으로 돌아갔어요.

그날부터 노인은 아무것도 먹지 않고 몸져누웠답니다.

노인의 자식들은 벌써 노인이 죽은 것처럼, 머리맡에 앉아 눈물을 흘렸어요.

"이미 쏘아 놓은 화살이요 엎지른 물이다. 슬퍼할 것 없다."

하지만 말을 마친 노인의 눈에도 눈물이 가득했어요.

그때 노인의 손자가 눈을 반짝이며 말했어요.

"할아버지, 그 고개에서 넘어지면 삼 년밖에 못 산다 하셨죠?"

“그래. 그래서 내가 이렇게 누워 있는 게 아니겠느냐?”

“그럼 가서 또 넘어지시면 되잖아요. 두 번 넘어지면 앞으로 육 년, 세 번이면 구 년을 더 사실 수 있어요.”

“옳거니! 네 말이 맞구나.”

노인이 자리에서 벌떡 일어났어요. 손자의 말이 맞았어요. 고개에서 열 번만 넘어져도 앞으로 삼십 년은 더 살 수 있다는 거였어요.

노인은 삼 년 고개로 가서 데굴데굴 굴렀어요. 얼마나 굴렀는지, 온몸이 흙투성이가 되었지만 노인의 입에서는 껄껄하고 웃음이 나왔어요.

집으로 돌아온 노인은 아주 오래오래 살았다고 합니다.

이미 쏜 화살은 붙잡을 수 없고, 엎지른 물은 도로 담을 수 없어요. 노인이 삼 년 고개에서 넘어졌을 때엔, 하늘이 무너지는 기분이었을 거예요. 넘어진 사실을 되돌리거나 번복할 수 없으니까요. 이렇게 되돌릴 수 없는 경우를 두고, ‘쏘아 놓은 화살이요 엎지른 물이다’라고 해요.

고전 하나 더

신화 악타이온의 최후

악타이온은 태양의 신 아폴론의 손자로 사냥을 아주 잘했어요.

"하하, 내 사냥 솜씨는 여신 아르테미스보다 훨씬 나아!"

악타이온은 감히 사냥의 신 아르테미스와 자신을 비교했어요.

이 소식을 듣고 아르테미스는 기분이 나빴어요.

'신과 인간 사이에서 태어난 주제에……. 언젠가 만나면 혼쭐을 내 주리라.'

어느 날, 악타이온이 사냥개들을 이끌고 사냥을 떠났어요. 사냥개들이 사슴을 쫓아 멀리 흩어지고, 악타이온은 활을 들고 숲속 이리저리를 돌아다녔지요.

얼마나 갔을까. 악타이온은 연못가에서 걸음을 멈췄어요.

'아니. 저 광경은……!'

아르테미스 여신과 님프들이 목욕을 하고 있었어요. 악타이온은 옷을 벗은 여신과 님프를 보자 눈을 뗄 수가 없었어요.

"네 이놈, 악타이온, 감히 여신의 몸을 훔쳐보다니, 가만두지 않겠다!"

깜짝 놀란 아르테미스가 악타이온에게 물을 끼얹었어요.

그러자 악타이온의 머리에서 사슴뿔이 돋아나더니 온몸이 사슴으로 변했답니다.

이미 쏘아 놓은 화살이요 엎지른 물이었어요.

악타이온의 사냥개들이 사슴으로 변한 주인을 발견했어요. 하지만 사냥개의 눈에는 주인이 아닌 사슴으로 보였답니다.

결국, 악타이온은 사냥개에 물려서 죽고 말았습니다.

39 우물을 파도 한 우물을 파라

어떠한 일이든 한 가지를 끝까지 해야 성공할 수 있다.

인물 한석봉과 어머니

조선 중종 임금 때 이야기예요. 소년 하나가 시냇가의 돌 위에 앉아서, 무언가 쓰고 있네요. 가까이 가서 보니, 붓에 물을 묻혀서 평평한 돌 위에 글자를 쓰고 있었답니다. 소년은 돌 위에 글자를 빼곡하게 쓰더니 붓을 멈췄어요.

"가서 낮잠이나 자고 올까? 그 사이 글자가 다 마르면 다시 와서 써야겠다."

이 소년의 이름은 한호, 훗날 한석봉이라 불리는 천재 서예가예요. 어린 시절 한석봉은 종이를 살 돈이 없어서, 이렇게 돌 위에 글자를 써

서 연습을 했답니다.

한석봉의 집안은 어려웠어요. 아버지는 오래전에 돌아가시고, 어머니가 떡을 팔아서 먹고살았거든요. 하지만 어머니는 아들에게 힘들다는 소리 한번 하지 않았어요.

한석봉은 십 년간 절에 들어가 공부를 하기로 했어요.

"어머니, 다녀오겠습니다."

"그래. 내 걱정은 말고, 공부에만 신경 쓰려무나."

몇 년이 흘렀어요. 한석봉은 어머니가 너무 그리웠어요. 바깥세상도 궁금했고요.

'이쯤이면 공부도 많이 했고, 집에 갈까? 어머니도 날 보시면 반가워하실 거야.'

한석봉은 산을 내려와 집으로 향했어요. 그런데 아들을 본 어머니의 얼굴이 겨울바람이 불 듯 차가웠어요.

"십 년을 약속하지 않았더냐? 그래, 얼마나 공부를 많이 했는지 보자."

말을 마친 어머니가 호롱불을 꺼 버렸어요. 순식간에 방 안은 깜깜해졌답니다.

"나는 떡을 썰 테니, 너는 글씨를 써 보거라."

한석봉은 당황했어요. 하지만 어머니가 떡을 써는 소리가 들려왔습니다. 하는 수 없이 한석봉도 글씨를 쓰기 시작했어요.

잠시 후, 어머니가 호롱불을 켜자, 한석봉은 너무 부끄러워서 쥐구멍에라도 들어가고 싶었어요.

어머니가 썬 떡은 크기가 똑같이 고른데, 한석봉의 글씨는 삐뚤빼뚤하고 엉망이었거든요.

"어머니, 제가 잘못했습니다. 다시 절로 돌아가서 공부하고 오겠습니다."

"우물을 파도 한 우물을 파라고 했다. 공부를 마치고 오너라."

그날로 다시 절로 들어간 한석봉은 열심히 공부를 했어요.

그 결과, 우리나라를 넘어 중국까지 깜짝 놀라게 하는 명필가가 되어 이름을 크게 날렸답니다.

우물은 땅속으로 구멍을 파서 지하수를 마실 수 있게 하는 거예요. 우물을 파려면 한 곳만 깊게 파야 해요. 여기저기 얕은 구멍만 내면 물이 나올 리가 없거든요. 이렇게 한 가지만 끈기 있게 하라는 의미로 '우물을 파도 한 우물을 파라'고 한답니다.

고전 깊이 읽기

천재 명필가, 한석봉

한석봉의 어머니는 한석봉을 임신했을 때, 중국 최고의 명필가 왕희지에게 친필을 받는 꿈을 꾸었다고 해요. 그 기운을 받고 태어난 한석봉은 어릴 적부터 글자 쓰기에 재능을 보였어요.

한석봉이 관직에 나간 것은 스물네 살 때로, 뛰어난 글씨 솜씨 덕분이었어요. 그가 했던 일은 국왕의 어서와 외교 문서를 베껴 쓰는 일이었습니다.

한석봉의 글씨가 임금 선조의 눈에 들지 않을 수 없겠죠? 선조는 한석봉의 글씨를 보고 감탄을 하며, 어주(임금이 내리는 술)를 자주 내렸다고 해요. 또한 선조가 가진 가장 좋은 벼루 원석을 주며, 잘 다듬어서 벼루로 쓰라고 했으니, 그 사랑이 얼마나 깊었는지를 말해 주는 대목입니다.

1572년, 한석봉은 사신들과 중국으로 떠났어요. 그의 어머니가 꿈에서 만났던 왕희지의 나라로 간 것이지요. 그곳에서 만난 중국 대신들 역시 한석봉의 글씨에 감탄을 했습니다.

"화가 난 사자가 돌을 헤치고, 목마른 천리마가 물로 달려가는 것 같습니다."

"한석봉의 글씨는 왕희지와 우열을 다툴 만합니다."

이렇게 한석봉의 글씨는 조선을 넘어 중국에서도 큰 사랑을 받았다고 합니다.

40 원수는 외나무다리에서 만난다

꺼리고 싫어하는 상대는 언젠가 만나게 된다.

역사 구천과 부차

중국의 오나라와 월나라는 서로 원수지간이었어요.

월나라의 왕이 죽자, 아들 구천이 아버지의 장례를 치르고 있었어요. 그런데 오나라의 합려가 쳐들어 왔어요.

"아무리 그래도, 내 아버지의 장례 중에 쳐들어오다니, 예의가 없구나!"

월나라의 구천은 이를 갈고 오나라를 공격했어요. 그 결과 오나라의 왕 합려는 화살을 맞아 죽고 말았답니다. 합려는 죽기 전에 아들 부차에게 유언을 남겼어요.

"나를 죽게 만든 월나라를 꼭 멸망시켜라."

오나라의 왕이 된 부차는 아버지의 유언을 받들어 밤낮을 가리지 않고 병사들을 훈련시켰어요. 물론 월나라를 향해 창끝을 겨누고 말이죠.

구천은 오나라가 갈수록 강해진다는 소식을 들었어요.

"우리가 먼저 공격을 해서, 오나라를 쓰러뜨리자."

구천이 병사를 이끌고 오나라로 진격했어요. 하지만 도리어 구천이 패배하고 말았답니다.

구천은 부차에게 사로잡혀서 오나라로 끌려오게 돼요.

"구천에게 죄수옷을 입히고 말을 돌보는 일을 시켜라. 그리고 내가 말에 오를 때 등을 밟을 수 있게 엎드리도록 해라!"

구천은 오나라에서 부차가 시키는 대로 온갖 치욕을 당했어요.

'부차야, 이 치욕을 꼭 갚아 주고 말리라.'

구천은 나중에 복수를 하려고 이를 악물고 참았답니다.

이 년이 지나자, 부차는 구천을 풀어 주었습니다. 다시 월나라로 돌아온 구천은 오로지 복수만 생각했어요.

가시가 달린 섶나무를 깔고 잠을 자고, 밥을 먹기 전에 쓰디쓴 곰쓸개를 핥으며 외쳤어요.

"그날의 치욕을 잊지 말자!"

전쟁 준비를 마친 구천이 드디어 오나라로 향했어요.

"원수는 외나무다리에서 만난다. 부차야, 내 칼을 피할 수 없으리라!"

그 사이 부차는 바른 말을 하는 신하를 내쫓고, 병사 훈련도 게을리

하며 세월을 보냈어요. 그러다가 갑자기 쳐들어온 월나라에게 허둥지둥 당하고 말았답니다.

섶나무에서 자고, 곰쓸개를 핥으며 복수를 다짐했던 구천은 오나라를 멸망시키고서야 말머리를 돌렸습니다.

외나무다리를 건널 땐 반대편에서 누가 오나 살펴야 해요. 나무 폭이 좁아서 한 명만 지나갈 수 있거든요. 그런데 운명의 장난처럼 꼭 원수가 반대편에 나타나는 경우가 있어요. 마치 오나라와 월나라의 피할 수 없는 오랜 전쟁처럼 말이죠.

복수를 위해 섶나무에서 자고, 곰쓸개를 핥은 구천을 두고 '와신상담(臥薪嘗膽)'이라 해요. '누울 와(臥), 섶 신(薪), 맛볼 상(嘗), 쓸개 담(膽)'으로 '섶에 눕고 쓸개를 씹는다'는 뜻이에요. 원수를 갚으려고 온갖 힘든 일을 버틴다는 의미지요.

41 원숭이도 나무에서 떨어진다

아무리 잘하는 사람도 가끔 실수할 때가 있다.

역사 나폴레옹의 러시아 원정

"내 사전에 불가능은 없다!"

프랑스의 황제이자, 전 유럽을 무릎 꿇게 한 정복왕 나폴레옹의 말이에요.

당시 프랑스 시민들은 혁명을 일으켜서, 왕을 몰아냈어요. 혁명에 앞장서서 군대를 이끌었던 나폴레옹은 뛰어난 장군이었어요. 전쟁에 나갔다 하면, 이겼으니 시민들과 병사들은 그를 영웅으로 생각했습니다.

결국 나폴레옹은 프랑스의 황제가 되었어요. 황제가 된 후에도 독일, 이탈리아, 네덜란드 등 다른 나라를 정복해 나갔답니다.

그때 나폴레옹과 사이가 안 좋았던 영국과 러시아가 서로 힘을 합치기 시작했어요. 이에 나폴레옹의 군대가 향한 곳은 바로, 드넓은 러시아였습니다.

나폴레옹은 60만 대군이라는 어마어마한 병사를 이끌고 러시아로 들어왔어요. 그런데 러시아 군대는커녕 시민들조차 보이지 않았어요. 모두 나폴레옹을 피해 도망을 갔거든요. 대신 나폴레옹의 군대를 기다린 것은 혹독한 추위와 식량 부족이었습니다. 원숭이도 나무에서 떨어진다고 하죠? 나폴레옹은 제대로 싸워 보지도 못한 채 군대를 잃고 프랑스로 돌아왔어요.

그 후, 다른 나라들은 서로 힘을 합쳐 프랑스를 공격했어요. 결국 나폴레옹은 황제 자리에서 쫓겨나 엘바 섬에 갇히는 신세가 되고 맙니다.

원숭이는 긴 팔로 나뭇가지를 잡고 이 나무, 저 나무를 타고 돌아다니곤 해요. 그런데 가끔 방심하면 원숭이도 나무에서 떨어질 때가 있답니다. 매번 전쟁에서 이겼던 나폴레옹이 패배한 것처럼요.

고전 깊이 읽기

혁명이 낳은 영웅, 나폴레옹

1789년, 프랑스 시민들은 모두에게 평등한 세상을 만들기 위해, 프랑스 혁명을 일으켰습니다. 국왕 루이 16세를 끌어내 목을 베었지요.

이 사건은 유럽의 다른 나라 왕들을 긴장시켰어요. 자기 나라의 국민들도 평등을 외치며 왕을 끌어내릴까 걱정이 되었거든요. 결국은 영국의 군대가 프랑스로 진격했어요. 하지만 영국군을 막아 낸 것은 바로 나폴레옹이었답니다.

나폴레옹은 브리엔의 사관학교를 졸업하고, 장교로 군대에 복무 중이었어요. 조그맣고 빼빼 마른 몸 때문에 수학자라고 불렸답니다.

나폴레옹은 뛰어난 전략으로 직접 전쟁에 참여하지 않고도 이기곤 했어요. 프랑스를 구한 영웅으로 떠오른 그는 이탈리아 원정을 떠나게 됩니다. 그는 형편없는 군대를 지휘해서 16만여 명의 포로를 사로잡고, 2천여 대의 대포를 얻는 대승을 거두었어요. 프랑스 시민의 열렬한 사랑을 받으며 나폴레옹은 고국으로 돌아옵니다.

연이은 이집트 원정까지 성공적으로 마친 나폴레옹은 1804년에 황제의 자리에 오르게 돼요. 프랑스에서 멀리 떨어진 코르시카 섬에서 태어났던 나폴레옹이 스스로 왕을 몰아냈던 프랑스 시민의 지지를 받으며 황제에 오른 것이지요.

하지만 러시아 원정에 실패하면서 엘바 섬으로 쫓겨난 나폴레옹은 이듬해 엘바 섬을 탈출하고 다시 권력을 잡았으나 연합군과의 워털루 전쟁에서 또다시 패배하며, 결국 황제 자리에서 쫓겨나요. 그는 결국 대서양에 있는 세인트 헬레나 섬에 유배되었고, 그곳에서 숨을 거두었습니다.

42 윗물이 맑아야 아랫물이 맑다

윗사람이 잘하면 아랫사람도 따라서 잘하게 된다.

역사 왕의 옷을 입은 신숙주

조선의 네 번째 임금, 세종대왕은 어릴 적부터 엄청난 공부벌레였대요. 너무 책만 읽어서 건강을 해친다고, 모든 책을 압수당하기도 했어요. 그래서 풀이 죽어 있다가 벽장 사이에 떨어져 있던 책 한 권을 발견하고 신이 나서 읽었다죠?

세종대왕은 왕이 되자, 백성들을 위한 한글을 만들기로 했어요. 그래서 집현전으로 학자들을 불러 모으기 시작했지요. 세종대왕만큼이나 열정이 가득하고, 젊은 학자들이었답니다.

그러던 어느 날, 책을 읽던 세종대왕이 문득 밤이 깊은 것을 깨달았어요.

“책만 읽었더니 눈이 아프구나. 좀 걷자꾸나.”

낮 동안 시끄러웠던 대궐은 쥐 죽은 듯 조용하고, 사람들은 잠자리에 들었어요. 그런데 집현전에는 아직도 불을 밝히고 책을 읽는 사람이 있었답니다. 바로 신숙주였어요.

멀리서 글을 읽는 신숙주를 보고, 세종대왕이 미소를 지었어요.

“자지 않고 책을 읽으니 기특하구나.”

다시 침전으로 발길을 돌린 세종대왕이 내관에게 일렀어요.

“신숙주가 잠자리에 들면 나에게 알려다오.”

세종대왕은 아까 멈췄던 책을 펼쳐서 읽기 시작했어요.

어느새 시간은 자정을 훌쩍 넘겼어요. 세종대왕은 공기가 쌀쌀한 것 같아서 윗옷을 어깨에 걸치며 다시 내관에게 물었어요.

“신숙주는 아직도 공부 중이더냐?”

“네. 전하. 아직도 글을 읽고 있다 하옵니다.”

“밤이 깊으니 춥구나. 감기라도 들면 어쩔꼬.”

세종대왕이 신숙주를 걱정하며, 입고 있던 윗옷을 벗었어요.

“신숙주가 잠이 들면 이 옷을 덮어 주거라.”

내관은 집현전 밖에서 세종대왕의 옷을 들고, 신숙주가 잠들 때까지 기다리며 중얼거렸어요.

‘윗물이 맑아야 아랫물이 맑다고. 훌륭한 임금 밑에는 밤새 책을 읽는 신하가 있구나.’

집현전에 불이 꺼진 것은 새벽이 되어서였어요. 내관은 신숙주의 곁으로 다가가서 왕의 옷을 덮어 주었답니다.

다음 날, 잠에서 깬 신숙주는 자신이 왕의 옷을 입고 있어서 깜짝 놀

랐어요.

"전하, 죽을죄를 지었습니다. 소신이 어찌 이 옷을 입을 수 있겠습니까."

"허허. 내가 덮어 주라 일렀으니 놀랄 것 없다."

그 후로 집현전에서 밤새 공부하는 학자들은 돌아가며 왕의 옷을 입었어요. 세종대왕의 이런 따뜻한 관심과 학자들의 열정으로 한글이 탄생하게 되었답니다.

물이 위에서 아래로 흐르듯, 자식은 부모에게 배우고, 제자는 스승에게 배우기 마련이에요. 윗사람이 처신을 잘해야 아랫사람도 보고 배우겠죠? 그런 의미에서 '윗물이 맑아야 아랫물이 맑다'라는 속담을 쓴답니다.

43

이 없으면 잇몸으로 산다

없으면 없는 대로 살아 나가는 법이다.

역사 행주대첩의 승리

조선 시대에 있었던 가장 큰 전쟁 중에 하나가 바로 임진왜란이었어요.

1592년, 왜나라(지금의 일본)가 조선으로 쳐들어 왔답니다.

갑자기 왜적이 나타나자, 준비가 안 되어 있던 조선의 병사들은 계속 패했어요. 그러던 중에 이순신 장군이 바다를 되찾고, 육지에서는 권율 장군이 나타났지요.

왜적이 조선의 수도인 한양(지금의 서울)까지 점령하자, 조선의 왕은 지방으로 도망쳤어요.

권율 장군은 한양부터 되찾기로 결심했어요. 그래서 가까운 행주산성에서 왜적과 한판 결전을 벌이기로 했답니다.

왜적의 수는 다섯 배나 많았고, 행주산성 안에는 무기와 병사가 턱없이 부족했어요. 하지만 권율 장군은 전혀 두려워하지 않았어요.

"성벽을 지켜야 한다. 성벽을 타고 기어오르는 왜적들을 가만두지 마라!"

권율 장군의 명령에 병사들은 성벽 아래로 돌을 떨어뜨렸어요. 하지만 점점 더 많은 왜적들이 몰려왔습니다.

"이 없으면 잇몸으로 산다고, 우리 여자들도 나서서 왜적을 물리칩시다!"

전쟁이 시작되고, 두려운 마음에 집에 숨어 있던 여자들도 두 팔을 걷어붙이고 나섰어요. 거추장스러운 긴 치마를 짧게 잘라서, 돌을 치마폭에 담아 병사들에게 전달했답니다. 덕분에 성벽에 몰려든 왜적들을 물리칠 수 있었어요.

"승리했다. 우리 조선이 이겼다!"

"왜적들을 우리 땅에서 모조리 몰아내자!"

역사는 이 전투를 행주대첩이라 기록했으며, 이때 여자들이 입었던 짧은 치마를 행주치마라 부르게 되었대요.

이가 없으면 음식을 씹기가 어려워요. 그렇다고 아무것도 먹지 못하고 가만 있을 수 없으니, 잇몸으로라도 씹어야겠죠? 일이 어렵다고 중간에 포기하지 말고, 다른 방법을 찾아서라도 해결하는 모습을 두고 '이 없으면 잇몸으로 산다'고 해요.

고전 깊이 읽기

왜적을 무찌르다, 임진왜란

그동안 배고픈 왜적들이 가까운 어촌 마을을 습격해서 식량을 빼앗아 간 적은 많았어요. 하지만 이렇게 대대적인 군대를 이끌고 나타난 것은 처음이었습니다.

1592년, 부산포에 나타난 왜적은 이틀 만에 부산 전체를 점령해요. 봉화(횃불 또는 연기로 적이 나타났다는 것을 알리는 신호)도 올리지 못해 사흘이 지나서야 한양에 이 사실이 알려졌어요. 서둘러 장군 신립과 이일이 왜적과 싸우러 내려갔지만, 병사들이 제때 모이지 않아서 제대로 싸워 보지도 못하고 지고 말았습니다.

결국 전쟁이 시작된 지 보름 만에 한양이 함락되고, 선조는 압록강변의 의주로 도망을 쳤답니다. 그리고 두 달도 채 되지 않아 조선 땅은 왜적에게 완전히 점령당하고 말았어요.

다행히 이순신이 바다에서 왜적을 물리치는, 첫 승전보를 알려 왔어요. 조선을 도우러 명나라의 이여송 장군도 대군을 이끌고 나타났고요. 뒤늦게 권율 장군의 행주대첩과 김시민 장군의 진주성 전투가 승리하면서, 왜적들은 주춤하기 시작했습니다.

마침내 조선은 1598년, 7년 만에 겨우 왜적을 몰아냅니다. 하지만 임진왜란으로 얻은 피해는 어마어마했어요. 조선 백성의 삼분의 일이 죽고, 농사를 지을 땅의 삼분의 일도 파괴되었어요. 전염병까지 돌아서 전쟁의 상처를 치유하기까지 오랜 시간이 걸렸다고 합니다.

44 입이 열 개라도 할 말이 없다

변명할 수 없게 잘못한 일이 다 드러나다.

전래동화 훈장님의 꿀단지 교과서 수록

옛날에, 호랑이처럼 아주 엄한 훈장님이 있었어요.

제자들 앞에서 웃지도 않고, 아이들의 걸음걸이까지 혼을 냈답니다.

"어허! 경망스럽게 뛰면 안 된다. 선비는 점잖아야 한다."

훈장님은 비가 오는 날에도 팔자걸음으로 천천히 걸었어요. 그게 다 선비의 체면을 지키기 위해서래요.

이런 훈장님이 활짝 웃을 때가 있어요. 바로 벽장에 있는 꿀단지를 꺼내 먹을 때예요. 한 번은 제자들에게 꿀단지를 보여 주며 이렇게 말했습니다.

"이 꿀은 먹으면 죽는 독약이니라. 절대 먹으면 안 된다."

그 말에 제자들은 놀란 토끼 눈으로 꿀단지를 보았답니다.

그렇게 며칠이 지났어요. 서당을 청소하던 덕재가 큰일을 저지르고 말았어요. 훈장님이 아끼는 연적을 깨뜨리고 말았거든요.

"훈장님이 엄청 화를 내실 거야. 어쩌면 좋아. 엉엉."

그때 덕재의 머릿속에 훈장님의 꿀단지가 떠올랐어요.

"입이 열 개라도 할 말이 없다. 그냥 그 꿀을 먹고 죽어 버릴래."

덕재는 벽장의 꿀단지를 꺼내서 먹었어요. 그런데 먹어도 먹어도 죽지 않고, 달콤하기만 한 거예요.

"덕재 네 이놈! 지금 무엇을 하는 것이냐!"

훈장님이 방 안으로 들어왔어요. 그리고 깨진 연적 조각을 보자 깜짝 놀라 화를 냈어요.

"아이고, 우리 집 가보인 귀한 연적인데, 덕재 네가 깼느냐?"

덕재가 무릎을 꿇고, 닭똥 같은 눈물을 뚝뚝 흘리며 대답했어요.

"죄송합니다. 청소를 하다가 그만 실수로 깼어요. 그래서 죽으려고 꿀을 먹었는데, 죽지를 않아요. 흑흑."

훈장님이야말로 입이 열 개라도 할 말이 없었어요. 왜냐하면, 혼자만 꿀을 먹으려고 제자들에게 독약이라 거짓말을 했거든요.

훈장님은 한숨을 쉬며 덕재를 용서해 주었습니다.

입은 한 개예요. 그런데 입이 철썩 달라붙어서 아무 말도 못할 때가 있어요. 바로, 잘못을 저질러서 가슴 깊이 뉘우칠 때예요. 그땐 상대에게 미안하다는 말도 모기 목소리처럼 조그맣게 나오거든요. 이럴 때에 '입이 열 개라도 할 말이 없다'고 해요.

'입이 광주리만 해도 말 못한다'로 바꿔 쓸 수 있어요. 광주리는 대나무로 짠 커다란 바구니를 말해요.

고전 하나 더

이솝우화 도끼와 물푸레나무

어느 날, 나무꾼이 숲속으로 와서 나무들에게 부탁했어요.

"나무들아, 도낏자루로 쓸 나무가 필요한대. 날 좀 도와줄래?"

나무들은 모두 머뭇거리며 가만히 있었어요.

그러자, 나무들 중에서 가장 크고 단단한 떡갈나무가 대답했어요.

"흠, 어려운 문제군. 삼 일 뒤에 다시 오면, 그때 알려주지."

나무꾼이 떠나고, 나무들은 회의를 열었어요.

"난 도낏자루가 되기 싫어."

"누구는 안 그러겠어? 나도 마찬가지라고."

나무들은 나뭇가지를 설레설레 흔들며 뾰로통하게 서 있었어요.

"그럼, 물푸레나무를 나무꾼에게 줘 버리는 건 어때?"

"그럴까? 우리랑 친하지도 않으니 잘 됐네."

"그래. 나도 찬성이야!"

결국, 나무들은 삼 일 뒤에 찾아온 나무꾼에서 물푸레나무를 주었어요.

나무꾼은 집으로 돌아가서 물푸레나무를 다듬어 도끼를 만들었답니다.

다음 날이었어요. 나무꾼은 새 도끼를 가지고 숲으로 왔어요.

그리고 숲속의 나무들을 하나하나 베기 시작했어요. 하지만 나무들은 입이 열 개라도 할 말이 없었어요. 애초에 물푸레나무를 나무꾼에게 주지 않았다면, 이런 일도 없었을 테니까요.

45 제비는 작아도 강남 간다

교과서 수록

몸집이 작아도 제 할 일은 다 한다.

전래동화 아홉 살 원님

먼 옛날, 아홉 살 먹은 원님이 마을을 다스리고 있었어요.

"흥, 쥐방울만 한 녀석을 원님으로 모셔야 하다니!"

이방은 어린 원님이 마음에 들지 않았어요. 그래서 원님을 골탕 먹여서 내쫓기로 했어요. 이방은 자신과 친한 중에게 이렇게 저렇게 하라고 시켰어요.

중이 원님을 찾아와 고했어요.

"원님, 제가 쓰고 있던 갓이 회오리바람에 날아가 버렸습니다. 찾아 주십시오."

그러자 원님은 곰곰이 생각하더니 말했어요.

“강가의 사공 두 명을 데려오라.”

이방은 속으로, ‘처음부터 있지도 않은 갓을 어찌 찾는다는 거야?’ 하고 흐흐 웃으며 강가로 갔어요.

사공 두 명이 오자, 원님이 물었어요.

“배가 남쪽으로 가야 하는데 마파람(남풍)이 불면 어쩌오?”

“된바람(북풍)이 불어 달라 마음으로 빕니다.”

“배가 북쪽으로 가야 하는데, 된바람이 불면요?”

“그야, 마파람이 불어 달라 마음으로 빌지요.”

그제야 원님이 무릎을 치며 웃었어요.

“사공이 배를 몰려고 이쪽으로 바람을 불어 달라, 저쪽으로 불어 달라 빌어서 회오리바람이 불었구나.”

원님은 다시 곰곰이 생각하다가 사공들에게 말했어요.

“너희가 회오리바람을 일으켰으니, 중에게 돌로 된 갓을 만들어 주라.”

“도, 돌로 된 갓을요?”

“바람에 절대 날아가지 않도록 돌로 만들어 주는 게 좋겠구나.”

“원님의 명에 따르겠습니다.”

사공들이 돌로 갓을 만들어 오자, 중과 이방은 어쩔 줄 몰랐어요. 엄청 무거워 보여서 쓰기만 해도 목이 부러질 것 같았거든요.

원님이 목소리를 가다듬어서 중에게 말했어요.

"이제 이 갓을 써 보거라. 다시는 잃어버리지 않을 것이다."

그러자 중이 무릎을 꿇고, 원님에게 싹싹 빌었어요.

"아이고, 원님. 이게 다 저 이방이 시킨 짓이옵니다. 용서해 주십시오."

옆에서 이방도 두 손이 발이 되도록 빌었어요.

그제야 원님이 미소를 지었어요. 제비는 작아도 강남 간다고, 아홉 살밖에 되지 않았지만 이방이 꾸민 일이라는 걸 알고 있었거든요.

원님이 두 사람을 용서해 주자, 마을 사람들도 원님의 너그러움에 감탄했답니다.

제비는 여름 철새로, 추운 겨울이 오면 따뜻한 강남으로 이동을 해요. 여기서 강남은 멀리 동남아시아 지역 등을 통틀어서 남쪽을 뜻해요. 아무리 작은 제비라도 약 4만 킬로미터의 거리를 날아간다고 하니, 정말 대단하죠? 그러니 몸이 작거나 어리다고 얕봐선 안 돼요.

'거미는 작아도 줄만 잘 친다'와 바꿔 쓸 수 있어요.

46

중이 절 보기 싫으면 떠난다

어떤 사람이나 장소가 싫어지면,
싫은 사람이 떠나야 한다.

역사 **기린협으로 들어가는 백영숙에게** 교과서 수록

나의 친한 친구 영숙(백영숙)은 대대로 장군을 지낸 집안에서 태어났다. 그의 조상 중에는 나라를 위해 목숨을 바친 훌륭한 분들도 많이 계셨다.

영숙은 책을 많이 읽고 무예도 뛰어나서, 무과(무관을 뽑기 위해 실시된 과거)에 급제했다. 하지만 기회가 닿질 않아 벼슬길에 오르질 못했으니 참으로 안타깝다. 하지만 임금에게 충성을 다하고 나라를 지키려는 마음은 그의 조상과 다를 바 없도다.

그런데 영숙이 가족들을 데리고 기린협(지금의 강원도 인제)으로 떠난다고 하는구나!

예전에 영숙은 나를 위해 황해도의 금천, 연암 골짜기에 집터를 잡아준 적이 있다. 산이 깊고, 길은 험해서 온종일 가도 사람 하나 없는 곳이었다.

영숙이 말을 멈추고 채찍을 높이 들어서 언덕을 가리키며 나에게 말

했다.

"저기에 뽕나무를 심어 울타리를 만들고, 저 갈대밭에 불을 질러서 빈 땅에 농사를 지으면 되겠네."

우리는 갈대밭으로 가서 부싯돌로 불을 일으켜 보았다. 그랬더니 꿩이 푸드덕 날아오르고, 노루가 쌩하니 튀어나오는 게 아니겠는가. 우리는 노루의 뒤를 쫓다가 시냇물 앞에서 멈추었다. 그때 영숙이 말했다.

"백 년도 못 사는 인생, 이런 답답한 숲속에서 꿩이나 노루를 잡으며 살 수는 없겠네."

그렇게 말했던 영숙이 기린협으로 들어간다고 하는구나. 중이 절 보기 싫으면 떠난다고 했다. 나는 차마 영숙을 붙잡을 수 없었다. 친구의 결단을 믿어 주고, 그에 대한 걱정은 접어두는 게 좋겠구나.

송아지 한 마리를 끌고 떠나는 친구의 뒷모습이 잊히지 않는다. 영숙은 송아지를 길러서 농사를 짓는다고 했다.

조선의 학자 박지원이 친구 백영숙에게 보내는 편지예요. 백영숙은 뛰어난 실력을 가졌지만, 너무 올곧은 성격 때문에 번번이 벼슬길에 오르지 못했어요. 그런데 시골로 들어간다고 하니, 박지원의 마음이 얼마나 속상할까요. 하지만 '중이 절 보기 싫으면 떠난다'고 속세가 싫다면 싫은 사람이 그곳을 떠나야겠죠? 정치 싸움만 하며 소중한 인재를 몰라 본 벼슬길보단 평화로운 시골이 백영숙에게겐 나을지도 몰라요.

고전 깊이 읽기

신세대 북학자, 박지원

박지원이 살던 시대에는 정묘호란, 병자호란으로 인한 전쟁의 상처가 아물지 않았어요. 청나라가 조선으로 쳐들어와서, 임금 인조가 직접 무릎을 꿇는 치욕을 겪어야 했거든요.

그 후로 북벌론(군사를 키워서 북쪽, 즉 청나라를 정벌하자는 뜻)을 내세우는 대신들이 많았어요. 하지만 날이 갈수록 청나라가 강해지면서, 문화적으로 배울 점이 많아졌답니다. 이에 박지원 같은 젊은 학자들은 청나라를 배척할 것이 아니라, 좋은 점은 본받아야 한다고 주장해요. 이를 바로 북학(북쪽 즉, 청나라의 문화를 배우자는 뜻)이라고 해요.

박지원은 직접 청나라로 가서 새로운 문화를 체험할 수 있는 기회를 얻게 돼요. 그때의 일을 기록한 것이 바로 〈열하일기〉랍니다.

청나라 여행기, 〈열하일기〉

1780년 5월, 청나라 건륭황제의 탄신일을 맞아 조선에서 청나라로 사신을 보냅니다. 박지원은 이 사신단과 함께 약 5개월 간, 청나라 수도 '열하'를 시작으로 티베트와 몽골에 이르는 광대한 영토를 여행하게 됩니다. 새로운 문화에 충격을 받아 써 내려간 〈열하알기〉에는 박지원 특유의 화통하고 재미있는 문체가 돋보입니다.

47 짚신도 제짝이 있다

보잘 것 없는 물건이라도
제 마음에 들면 좋게 보인다.

전래동화 우렁이 각시

혼자 외로이 농사를 지으며 사는 총각이 있었어요.

어느 날은 너무 외로워서, 일을 하다 자신도 모르게 중얼거렸어요.

"이 세상에 나 혼자뿐인데, 이렇게 열심히 농사를 지어서 누구랑 먹고 사나?"

그러자 어디선가 대답이 들려왔어요.

"나랑 먹고 살지."

총각이 놀라서 주변을 둘러보았지만 아무도 없었어요. 분명 여인의 고운 목소리였거든요.

총각은 혹시 몰라서 다시 큰 소리로 외쳤어요.

"이렇게 농사를 지어서 누구랑 먹고 사나?"

"누구긴, 나랑 먹고 살지!"

총각이 목소리가 들린 쪽으로 가 보니, 논두렁에 커다란 우렁이가 있었어요.

'우렁이가 나한테 대답한 건가?'

총각은 신기한 마음에 우렁이를 집으로 가져와서 항아리에 넣어 두었습니다.

다음 날, 총각은 하루 종일 허리가 휘어지도록 일을 하다가, 집으로 돌아왔어요. 무심코 방문을 열었는데, 총각의 입이 떡하니 벌어졌어요.

밥상 위에는 모락모락 김이 나는 흰쌀밥에, 누군가 정성껏 차린 반찬이 있었거든요.

"일단 배가 고프니 먹고 보자. 누군지 모르겠지만 감사하오!"

총각은 허겁지겁 밥을 먹고는, 꾸벅꾸벅 졸다가 잠이 들었어요.

다음 날도 총각은 온몸이 땀투성이가 되어 집으로 돌아왔어요. 그런데 또 밥상이 차려져 있는 거예요.

'도대체 누가 밥상을 차려 주는 거지?'

총각은 밥을 먹으면서 궁금했어요. 그래서 다음 날은 일을 나가는 척하다가, 집으로 돌아와 숨었지요.

잠시 후, 우렁이를 넣어 두었던 항아리에서 아리따운 여인이 걸어 나오는 게 아니겠어요? 총각이 가져온 우렁이가 사실은 하늘나라 선녀였

던 거예요.

우렁이 각시가 열심히 밥을 짓고 반찬을 만들어서 밥상을 차렸어요. 그리고는 다시 항아리로 들어가려고 했답니다.

"아가씨! 거기로 들어가지 말고 내 색시가 되어 주오!"

총각의 목소리에 우렁이 각시는 깜짝 놀랐어요.

"짚신도 제짝이 있다고, 내가 우렁이 각시를 논에서 데려온 건, 운명인가 보오. 내가 행복하게 해 주겠소. 약속하오."

총각이 우렁이 각시의 치마를 잡고 놓아 주지 않았어요. 우렁이 각시는 총각의 착한 눈빛을 보자 미소를 지었습니다.

"좋아요. 저도 서방님과 같이 살겠어요."

이렇게 외로운 총각과 우렁이 각시는 행복한 부부가 되었답니다.

짚신은 조상들이 짚으로 짜서 신고 다니던 신발이에요. 그러려면 꼭 짝이 맞아야겠지요? 이렇게 발에 신고 다니는 신발조차도 짝이 있는데, 사람에게도 당연히 짝이 있지 않겠냐는 의미로 '짚신도 제짝이 있다'라고 해요.

'헌 고리도 짝이 있다'와 바꿔 쓸 수 있어요.

48 천 리 길도 한 걸음부터

아무리 큰일도 처음에는 작은 일부터
시작되어 이루게 된다.

전래동화 좁쌀 한 톨로 장가 간 총각

한 총각이 색시를 구하러 길을 떠났어요. 그런데 총각의 주머니에는 달랑 좁쌀 한 톨만 있었지요.

"가진 게 좁쌀 한 톨뿐이네. 에잇, 천 리 길도 한 걸음부터라고 힘내자!"

총각은 가까운 주막으로 들어갔어요.

"주모, 가진 게 좁쌀 한 톨뿐이니, 헛간에서라도 재워 주소."

"오늘은 손님도 없으니, 방에서 재워 주지."

"그 말이 참말이오? 하하. 그럼 신세 좀 지겠소."

총각이 신이 나서 방으로 들어가 두 다리를 쭉 뻗었어요. 그리곤 잠이 들어 버렸습니다. 그런데 어디서 찍찍찍 소리가 자꾸 나는 거예요. 눈을 떠 보니, 쥐 한 마리가 주머니에 있던 좁쌀 한 톨을 먹고 있는 게 아니겠어요?

"헉, 내 전 재산을 쥐가 먹네. 잡히기만 해 봐라!"

총각이 쥐를 잡으려고, 버선발로 밖으로 뛰어나왔어요. 그 통에 주모도 같이 뛰어다니며 겨우 쥐를 잡았답니다.

"내 좁쌀을 먹은 요놈아, 이제부터 네놈이 내 전 재산이다."

총각은 쥐를 잡아놓고, 다시 잠이 들었어요. 새벽쯤 되었을까, 어디서 야옹야옹하는 소리가 들려오는 거예요. 이번에는, 고양이가 총각의 쥐를 날름 잡아먹었어요.

"주모! 이 고양이가 내 쥐를 잡아먹었소. 이를 어쩌오?"

"하는 수 없지. 그 고양이를 주면 되오?"

이렇게 총각은 좁쌀 한 톨을 쥐로, 다시 고양이로 바꾸었어요.

다음 날, 총각은 주막을 떠나기로 했어요. 그 사이 야옹이라고 이름을 붙인 고양이를 찾아 불렀지요.

"야옹아, 야옹아, 어디 있니? 색시를 구하러 같이 가자."

그런데 아무리 불러도 야옹이가 없는 거예요. 얼마 뒤 총각은 외양간에서 소 발굽에 깔려 죽은 야옹이를 찾았어요.

"이보시오. 주모. 이 소가 내 고양이를 죽였으니, 소를 내놓으시오."

"이 비싼 소를? 그건 좀 어렵겠는데?"

"그럼 죽은 고양이를 되살려 내던가. 내 전 재산이란 말이오!"

한참을 주모와 총각이 옥신각신 다투었어요. 결국 주모는 소를 총각에게 내 주기로 했어요. 소가 고양이를 죽여 놓았으니 주모도 어쩔 수 없었거든요.

총각이 소를 몰고 길을 떠났어요. 그런데 잠시 연못가에서 물을 마시려고 묶어둔 소가 사라진 거예요.

총각이 애타게 소를 찾아서 이 집 저 집 돌아다녔어요. 그때 으리으리한 대갓집에서 잔치가 열리고 있었어요. 총각은 대갓집 마당에서 소에 묶여 있던 밧줄을 찾았어요.

"이건 내 소를 묶어 두었던 밧줄입니다. 소는 어디에 있습니까?"

"어허, 그게…… 미안하지만, 주인 없는 소인 줄 알고 잡아먹었지 뭔가."

그 말에 총각은 하늘이 노랗게 변하는 것 같았어요. 그런데 대갓집 높은 마루 위에 어여쁜 아가씨가 앉아 있는 게 아니겠어요?

“그렇다면, 저 아가씨를 내 색시로 삼게 해 주십시오.”

“어허, 지금 귀한 우리 딸을 달라는 건가?”

“그 소는 제 전 재산입니다. 이미 다 드셨으니, 어쩔 수가 없지 않습니까?”

고민을 하던 대감은 결국 딸을 총각에게 시집 보내기로 했답니다.

이렇게 총각은 좁쌀 한 톨에서 쥐로, 고양이에서 소로, 다시 예쁜 색시로 바꾸었습니다.

천 리는 약 392킬로미터로, 보통 사람이 걸어간다고 하면 약 100시간이 걸린다고 해요. 이렇게 먼 길도 한 걸음부터 내디뎌야 시작이 되겠죠? 시작이 반이라는 말이 있듯, 일단 한 걸음으로 시작해서 꾸준히 걷는다면, 색시를 얻은 총각처럼 원하는 바를 이룰 수 있을 거예요.

비슷한 고사성어로 ‘등고자비(登高自卑)’가 있어요. ‘오를 등(登), 높을 고(高), 부터할 자(自), 낮을 비(卑)’로 ‘높은 곳에 오르려면 낮은 곳부터 오르라’는 뜻이에요.

49 콩으로 메주를 쑨다 하여도 곧이듣지 않는다

아무리 사실대로 말해도 믿지 않는다.

이솝우화 양치기 소년

어떤 마을에서 양을 치는 소년이 살고 있었어요.

소년이 이 일을 처음 시작할 때, 주인아저씨가 이렇게 당부했어요.

"늑대가 나타나면 꼭 사람들을 불러야 한다."

소년은 아침에 양떼를 데리고 들판으로 나가서 풀을 뜯게 하고, 점심에 양을 몰고 돌아왔어요. 아무도 없는 들판에 양들과 있으니, 소년은 너무 심심했어요.

소년은 들판 너머를 보며, 짜증 난다는 듯 중얼거렸어요.

"도대체 늑대가 어디에 있단 말이야? 양을 지키느라 낮잠도 못 자고,

정말 귀찮아 죽겠네."

소년은 애꿎은 꽃을 꺾어서 버리다가, 무언가 생각난 듯 미소를 지었어요. 그리고는 언덕에 올라서 마을을 향해 소리쳤어요.

"늑대가 나타났어요! 엄청 큰 늑대가 양을 잡아먹어요!"

소년의 목소리가 메아리가 되어 마을을 향해 울려 퍼졌습니다.

곧 총을 든 주인아저씨와 마을 사람들이 달려왔어요. 하지만 늑대는커녕 배가 부른 양들이 꾸벅꾸벅 졸고 있는 게 아니겠어요?

"요 녀석, 늑대가 없잖아. 거짓말을 한 거지?"

소년은 숨이 턱에 차서 달려온 사람들을 보고, 배를 잡고 깔깔 웃었어요.

다음 날도 소년은 "늑대가 나타났어요. 양 두 마리를 잡아먹어요!" 하고 외쳤어요. 또다시 사람들이 진땀을 흘리며, 양을 구하려고 달려왔답니다. 하지만 늑대 그림자도 보이지 않았어요.

"똥개 훈련 시키는 것도 아니고. 허참!"

"너무 심심해서 그랬어요."

소년은 어른들에게 엄청 혼이 났어요. 하지만 소년은 별로 잘못을 뉘우치지 않았어요.

며칠이 지났어요. 소년은 양들과 함께 들판에 앉아 있었어요.

'아, 또 거짓말하고 싶어. 내 말에 속아서 뛰어오는 사람들이 너무 웃기단 말이야.'

소년이 혼자 킥킥댔어요. 그런데 저 멀리서 시커먼 무언가가 나타났

어요. 갑자기 양들이 울어 대며 사방으로 흩어지는 게 아니겠어요? 정말 늑대가 나타난 거예요.

소년이 너무 놀라서 "늑대예요. 진짜 늑대가 왔어요! 도와주세요!" 라고 외쳤어요. 하지만 소년의 메아리가 마을에 수십 번은 울렸을 텐데, 아무도 오지 않았어요. 사람들은 소년이 거짓말쟁이라고 생각해서, 콩으로 메주를 쑨다고 해도 곧이듣지 않았거든요.

결국 소년은 도망친 양들을 찾아 돌아다녔지만, 찾을 수 없었습니다. 그나마 찾은 양들은 늑대가 물어 죽인 것들뿐이었어요.

콩을 삶아서 찧은 다음에, 네모나게 굳힌 것을 메주라고 해요. 흔히들 콩으로 메주를 쑨다고 하죠. 이렇게 만든 메주로 간장이나 고추장, 된장을 만들곤 해요. 그런데 메주를 콩이 아니면 다른 것으로 만들 수 있나요? 사실을 말해도 믿지 않는다면, 말하는 사람에 대한 믿음이 깨진 거예요. 양치기 소년처럼 말이죠.

'콩 가지고 두부 만든대도 곧이 안 듣는다'로 바꿔 쓸 수 있어요.

50 피는 물보다 진하다

가족 간의 정이 돈독하다.

세계명작 백조왕자

어느 왕국에 홀아비 왕과 열한 명의 왕자, 한 명의 공주가 행복하게 살았어요.

하지만 이 왕국에도 불행이 시작되었어요. 왕이 새로 맞이한 왕비가 아름다운 미녀로 변신한 마녀였거든요.

왕은 왕비에게 흠뻑 빠져서 나랏일을 맡겨 버렸어요. 그렇게 왕국은 마녀의 차지가 되고 말았어요.

마녀는 마법을 부려서 열한 명의 왕자를 백조로 만들었어요. 백조들은 슬피 울며 멀리 날아갔어요. 공주 역시 다른 나라의 시골로 쫓겨났고요.

공주는 매일 밤마다 아버지와 오빠들을 그리워하며 울다가 잠이 들었어요. 어느 날은 꿈에 요정이 나와서 이렇게 말했어요.

“쐐기풀로 된 옷을 입으면, 오빠들을 다시 사람으로 되돌릴 수 있어요.”

“쐐, 쐐기풀……?”

공주는 잠에서 깨어났는데도, 요정의 생생한 목소리를 떠올렸어요.

“쐐기풀을 찾으러 가야겠어.”

마녀가 보낸 병사가 항상 공주를 지키고 있었어요. 그래서 공주는 병사가 잠드는 밤에만 밖에 나올 수 있었어요.

쐐기풀은 무덤가에서 많이 자랐어요. 공주는 매일 밤 무덤가에 가서 쐐기풀을 뜯어다가 옷을 만들기 시작했어요.

시골 사람들은 공주를 이상하게 생각했어요. 밤마다 무덤가로 가는 것이 꼭 마녀처럼 보였거든요.

“예쁘게 생겼던데, 설마, 마녀가 아닐까?”

“으으, 무서워라. 빨리 잡아다가 화형을 시키자고.”

사람들은 공주가 살고 있는 오두막으로 몰려갔어요. 문을 열자 방 안에는 쐐기풀이 가득했고, 공주는 창백한 얼굴로 옷을 만들고 있었습니다.

“마녀다! 당장 끌어내라.”

사람들이 공주에게 마녀라고 손가락질하며 끌어냈어요. 그리고 재판이 열리자 아무도 공주의 편을 들어주지 않았답니다.

"내일 이 마녀를 불에 태워 죽이도록 하라."

무시무시한 판결에도 공주는 눈 하나 깜빡하지 않았어요. 피는 물보다 진하다고, 머릿속에는 오빠들 생각뿐이었거든요.

'이제 한 개만 더 만들면, 열한 개가 돼. 그럼 오빠들을 되돌릴 수 있어.'

아침이 밝았어요. 사람들이 장작을 모아 놓고 공주를 데려왔습니다. 그때였어요. 멀리서 열한 마리의 백조가 날아와 공주의 머리 위를 맴돌기 시작했어요.

공주가 백조들에게 쐐기풀 옷을 힘껏 던졌어요. 백조들이 긴 목으로 쐐기풀 옷을 꿰어 입고는 땅으로 사뿐 내려앉았어요. 그러더니 열한 명의 왕자로 돌아왔답니다.

"오빠들이 돌아왔어! 이게 꿈은 아니겠지?"

"귀여운 내 동생, 너 덕분에 우리가 다시 사람이 되었구나."

왕자들과 공주는 서로 껴안고 엉엉 울었어요.

한편, 공주의 이야기를 듣게 된 이웃나라의 왕자는 크게 감동해서, 공주에게 청혼을 했어요. 공주는 왕자와 결혼해서 행복하게 살았습니다.

가족은 자연이 인간에게 준 가장 훌륭한 친구이자 선물이라고 해요. 이렇게 가족은 서로에게 소중한 존재랍니다. 실제로 피는 물보다 8배 정도 진하다고 해요. 그만큼 가족 간의 정이 끈끈하다는 의미겠죠?

고전 깊이 읽기

동화의 아버지, 안데르센

한스 크리스티안 안데르센은 1805년 덴마크에서 태어났어요. 그의 아버지는 구두 수선공이었고 어머니는 세탁부로 어릴 적부터 가난했답니다.

안데르센은 내성적이고 조용한 아이였어요. 하지만 노래를 잘 부르고, 연기에 소질을 보였어요. 14살이 되자, 그는 배우의 꿈을 안고 덴마크의 수도 코펜하겐으로 떠났습니다. 그곳에서 안데르센은 예술 애호가인 요나스 콜린을 만나게 돼요. 요나스의 도움으로 왕실 후원금을 받게 된 안데르센은 늦은 나이에 학교에 입학합니다.

안데르센은 학생 시절에 시를 쓰며, 작가가 되기로 결심해요. 그는 다른 나라를 여행하며 쓴 〈즉흥시인〉이라는 장편 소설로 유명해지기 시작했어요. 그리고 〈인어 공주〉, 〈성냥팔이 소녀〉, 〈눈의 여왕〉, 〈벌거벗은 임금님〉 등 아름다운 동화들을 잇따라 발표했답니다. 특히, 그의 대표 작품으로 평가받는 〈미운 오리 새끼〉는 안데르센을 최고의 자리에 올려놓았어요.

그의 인기는 식을 줄 몰랐고, 덴마크 황실과 귀족들이 너도나도 안데르센을 초대했어요. 하지만 안데르센은 힘들게 살아온 자신의 과거를 잊지 않았어요. 그는 자신의 인생이 고스란히 동화 속에 담겨 있다고 생각했거든요.

왕자에게 버림받은 인어 공주는, 사랑에 계속 실패하고 70살까지 독신으로 살아야 했던 그의 외로움을 표현했어요. 백조가 되기까지 미운 오리 새끼로 자라야 했거나, 성냥팔이 소녀가 온몸이 시리도록 추운 가난과 배고픔을 느끼는 모습에서 그의 어린 시절을 엿볼 수 있답니다.

<속담이 백 개라도 꿰어야 국어왕 1, 2>에 나오는 속담과 사자성어

❶ : <속담이 백 개라도 꿰어야 국어왕 1>에 나오는 속담과 사자성어입니다.

❷ : <속담이 백 개라도 꿰어야 국어왕 2>에 나오는 속담과 사자성어입니다.

★ 교과서 수록 : 교과서에 수록된 속담입니다.

<속담이 백 개라도 꿰어야 국어왕1, 2>에 나오는 이야기

★ 교과서 수록 : 교과서에 수록된 이야기입니다.

꼭 알아야 할 교과서 속담 100

속담이 백 개라도 꿰어야 국어왕 2

글 강지혜 | **그림** 명진
펴낸날 2014년 5월 20일 초판 1쇄, 2023년 2월 8일 초판 7쇄
펴낸이 김상수 | **기획 · 편집** 이성령, 권정화, 전다은 | **디자인** 문정선, 조은영 | **영업 · 마케팅** 황형석, 임혜은
펴낸곳 루크하우스 | **주소** 서울시 서초구 사임당로 50 해양빌딩 504호 | **전화** 02)468-5057 | **팩스** 02)468-5051
출판등록 2010년 12월 15일 제2020-203호
www.lukhouse.com cafe.naver.com/lukhouse

ISBN 979-11-5568-031-5 63710

※ 잘못된 책은 구입처에서 바꾸어 드립니다.
※ 값은 뒤표지에 있습니다.

상상의집

상상의집은 (주)루크하우스의 아동출판 브랜드입니다.